Stefan Kaletsch

Das Elend der Mainstreamökonomik

D1695947

ZEITDIAGNOSEN

Band 66

LIT

Stefan Kaletsch

Das Elend der Mainstreamökonomik

Über die Notwendigkeit eines Paradigmenwechsels für
Wirtschaftswissenschaften, Management und Gesellschaft

LIT

Gedruckt auf alterungsbeständigem Werkdruckpapier entsprechend
ANSI Z3948   DIN ISO 9706

Bibliografische Information der Deutschen Nationalbibliothek
Die Deutsche Nationalbibliothek verzeichnet diese Publikation in der
Deutschen Nationalbibliografie; detaillierte bibliografische Daten sind
im Internet über http://dnb.dnb.de abrufbar.

ISBN 978-3-643-15280-0 (br.)
ISBN 978-3-643-35280-4 (PDF)

© LIT VERLAG Dr. W. Hopf Berlin 2022
Verlagskontakt:
Fresnostr. 2   D-48159 Münster
Tel. +49 (0) 2 51-62 03 20
E-Mail: lit@lit-verlag.de   https://www.lit-verlag.de

Auslieferung:
Deutschland: LIT Verlag, Fresnostr. 2, D-48159 Münster
Tel. +49 (0) 2 51-620 32 22, E-Mail: vertrieb@lit-verlag.de

Geleitwort

Im vorliegenden Buch hinterfragt Stefan Kaletsch tradierte Vorstellungen der Personalführung kritisch und prüft die Tauglichkeit des Paradigmas, auf denen sie basieren, für die Herausforderungen unserer Zeit. Mich als Leser des Buches, der ich Gesundheitswissenschaftler und kein Ökonom bin, hat besonders der Dissens zwischen den typischen Erwartungen des Managements und der Belegschaft angesprochen. Hier zeigt sich, dass Management nicht nur „rein ökonomische" Entscheidungen zu treffen hat, sondern nicht zuletzt ein Team, eine Belegschaft so führen muss, dass es menschlichen Eigenschaften und Bedürfnissen gerecht wird. Überraschend ist dabei, dass sich ethische und wirtschaftliche Aspekte keinesfalls widersprechen. Ein ideales Management sollte Mitarbeiterinnen und Mitarbeiter nicht nur als standardisierte Arbeitseinheiten sehen, sondern deren individuelle Potenziale und inneren Antriebskräfte umfassend, umsichtig und effektiv einsetzen sowie bei Schwächen, die gewiss jeder von uns besitzt, Wege der Unterstützung finden. Formale Ziele, wie eine Gewinngenerierung bei Wirtschaftsunternehmen, stehen dem ebenso wenig entgegen wie eine wirtschaftliche und produktive Haushaltung von Behörden, Gerichten, Kliniken, gemeinnützigen Organisationen, Ministerien, kommunalen Verwaltungen oder Bildungseinrichtungen.

Dennoch beeinflusst der zunehmende Kostendruck den Arbeitsalltag vieler Beschäftigter. Der Eindruck scheint deshalb zunächst nicht abwegig zu sein, dass erfolgreiches wirtschaftliches Handeln überwiegend nur anhand quantitativer Faktoren zu erfolgen hat, womit menschliche Faktoren oft auf der Strecke bleiben. Doch das hat nicht nur fatale Folgen für die Anpassungsfähigkeit, sondern auch für Arbeitnehmerinnen und Arbeitnehmer, deren Motivation und Leistungskraft unter diesem Paradigma sinken. Zum einen kommen immer mehr von ihnen an persönliche und gesundheitliche Grenzen. Die regelmäßigen Jahresstatistiken der gesetzlichen Krankenkassen verzeichnen insbesondere eine kontinuierliche Zunahme von psychischen Erkrankungen wie Neurasthenie, Erschöpfungszustände, Burnout und Depression. Zum anderen leiden die Bereitschaft und die Möglichkeiten, sich für den eigentlichen Zweck der jeweiligen Organisation bestmöglich einzusetzen. Infolge dessen versucht das Management oft mit Methoden der extrinsischen Motivation gegen die Ermüdungserscheinungen seiner Belegschaft anzukämpfen. Es zeigt sich allerdings immer mehr, dass die erhofften Effekte der tradierten Managementmethoden ausbleiben, ja sogar kontraproduktiv sind.

Kaletsch stellt in bislang kaum diskutierter Weise einen Zusammenhang zwischen dem tradierten Denkmuster der Mainstreamökonomik und der unzulänglichen Managementpraxis her. Scheinbar entwickeln wir uns unter dem alten Paradigma der Mainstreamökonomik zunehmend zu einer erschöpften, sinnentleerten Arbeitsgesellschaft. Doch anstatt die empirischen Daten als ultimatives Warnsignal zu nehmen, scheint die Mainstreamökonomik in den Hörsälen davon wenig beeindruckt zu sein und versorgt den Managementnachwuchs unreflektiert mit veralteten Modellen. Mit derselben Beharrlichkeit scheint infolge dessen auch diese strenge, kurzfristig konzipierte Ökonomisierung der Gesamtgesellschaft wie gehabt voranzuschreiten. Dabei bedroht das alte Paradigma paradoxerweise nicht nur die Gesundheit und das Wohlbefinden der arbeitenden Bevölkerung, sondern auch die ökonomischen Ziele selbst.

Als leitender Gesundheitsmanager in einem deutschen Oberlandesgericht fällt mir dieser oberflächliche Ökonomisierungsdrang zunehmend auch im Arbeitsalltag von Behörden auf, wie zum Beispiel im Strafvollzug, bei der Polizei oder nicht zuletzt in der ordentlichen Gerichtsbarkeit. Im Rahmen unserer psychosozialen Beratungsstelle und der Coaching-Tätigkeit, gewinnen wir immer wieder intensive Eindrücke in die innere Verfassung und Seelenlage der Beschäftigten. Sie sind geprägt durch die Wahrnehmung einer quantitativen Arbeitsverdichtung, die nicht von qualitativen Veränderungen in der Organisationkultur begleitet werden. Es ist auffällig, wie von Führungskräften seit einiger Zeit oft unreflektiert die Methoden der Mainstreamökonomik übernommen werden, im Glauben, hiermit eine Effizienzsteigerung der Organisation auf moderne Weise provozieren zu können. Doch in Wirklichkeit hinken sie damit neueren Erkenntnissen hinterher und belasten sich mit einem überkommenen Paradigma. Statt alte Kardinalfehler vieler privatwirtschaftlichen Unternehmen zu übernehmen, sollte mehr Mut bewiesen werden, um den dynamischen Ausbau von partizipativen Teamstrukturen und flachen Hierarchien konsequent voranzubringen. Das gilt für wirtschaftliche Unternehmungen genauso wie für jede andere Organisation.

Die klassische staatliche Bürokratie ist eine Hierarchie, die sich mit ihren grundlegenden Problemen meist nicht von größeren Wirtschaftsbetrieben unterscheidet. Das Verwaltungshandeln ist häufig immer noch bestimmt von Kontrollen, Zustimmungspflichten, Umläufen, Zu- und Abtrag per Aktendeckel und sorgt damit für unnötige gegenseitige Beschäftigung. Die Strukturen sind an vielen Stellen total und statisch und damit extrem invariant. Das zeigte sich im Bereich der öffentlichen Verwaltung bei der Pandemie-Verwaltung in deutschen Gesundheitsämtern ebenso wie bei der Einführung von digitalen Akten und Verwaltungsabläufen in deutschen Behörden – um nur zwei sehr offensichtliche Beispiele zu nennen. Von 35 EU-Zielen, die bis 2025 erreicht werden sollen, hat die öffentliche Verwaltung in Deutschland bisher nur knapp die Hälfte erledigt. Und diese nur mit großer Mühe. Das weit verbreitete Narrativ, dass diese Probleme ausschließlich in der staatlichen Bürokratie zu Hause sind, hat sich aus vielen Gesprächen zwischen dem Autor und mir allerdings als falsch erwiesen. Hierarchische Bürokratie bedroht in allen Organisationen Flexibilität, individuelle Verantwortung, Motivation und Innovativität. Das erfordert ein Umdenken. Doch Neuerungen brauchen einen langen Atem und viel Zeit.

Da ich mit meinem Team für das Gesundheitsmanagement im gesamten Oberlandesgericht zuständig bin, haben wir permanent einen tiefen Einblick in die Strukturen der vielen Dienststellen innerhalb und außerhalb unseres Bezirks. Erheblicher Leistungsdruck, unklare Vorgaben, mangelnde oder gar fehlende Schulungen und nicht zuletzt Führungsdefizite bringen statt Verbesserungen Frustrationen. Hinzu kommen unrealistische Zeitpläne der Politik sowie der Fachministerien, die auf dem Reißbrett ohne Anhörung der unteren Ebenen entworfen werden. Immer mehr Beschäftigte fühlen sich von ihren Führungskräften nicht ernst genommen, wertgeschätzt, allein gelassen und nicht verstanden. Sie nehmen sich als abgehängt wahr und können oftmals aktionistische Umstrukturierungen nicht mehr nachvollziehen. Die typische Reaktion ist eine Demotivierung mit der Folge von innerer Kündigung und psychosomatischen Erkrankungen. Statt mehr Arbeitsleistung provoziert der Druck und die fehlenden selbstwirksamen Einflussmöglichkeiten eine Menge an Krankmeldungen und Arbeitsunfähigkeitsbescheinigungen anstatt einer gesteigerten Motivation.

Mein Fazit nach der Lektüre des kurzweiligen Buches ist der hierdurch bestätigte Eindruck, dass viele Organisationen – unabhängig von ihrem Zweck – dringend einen tiefgreifenden Paradigmenwechsel für Führung und Organisationskultur benötigen. Ich halte dieses Buch deshalb nicht nur für einen fundierten Impulsgeber, sondern auch für eine Bereicherung des interdisziplinären Diskurses, der auf den Menschen als zentralen Faktor verweist.

Dr. Heiner Bögemann, Oktober 2022

INHALTSVERZEICHNIS

I.   Paradigmenwechsel in Theorie und Praxis

„Ich habe gezeigt, daß es uns aus streng logischen Gründen unmöglich ist, den zukünftigen Verlauf der Geschichte mit rationalen Methoden vorherzusagen.“

Karl Popper

Diese Worte schrieb Karl Popper 1957 im Vorwort seines Essays „Das Elend des Historizismus"[1], einer philosophisch-methodologischen Kritik an der marxistischen Geschichtsphilosophie. Der Titel war eine Anspielung auf die von Karl Marx 1847 verfasste Schrift „Das Elend der Philosophie"[2], die wiederum eine kritische Antwort auf Pierre-Joseph Proudhons Buch „Philosophie des Elends"[3] war. Obwohl sich die vorliegende Abhandlung mit dem Titel „Das Elend der Mainstreamökonomik" zwar nicht mit Geschichtsphilosophie befasst, existiert eine Verbindung zur Kernproblematik in Poppers Essay, der hierin auf die Unberechenbarkeit der Zukunft verweist. Diese inhärente Ungewissheit, welche die gesamte Sozialwissenschaft betrifft, zu der auch die Lehre vom Wirtschaften zählt, ist in der neoklassisch geprägten Mainstreamökonomik weit unterpräsentiert, wenn sie nicht gar ignoriert wird. Das hat – wie ich zeigen werde – erhebliche Konsequenzen und erfordert sowohl eine Rekonstruktion des akademischen Lehrprogramms als auch eine Umorientierung im Selbstverständnis von Managerinnen und Managern[4], das meist durch irreführende Modelle, verbunden mit einem unrealistischen Menschenbild geprägt ist.

---

[1] Karl Popper: Das Elend des Historizismus, 6. durchges. Aufl., Tübingen 1987, S. XI. Ersterscheinung: The Poverty of Historicism, London 1957.

[2] Karl Marx: Das Elend der Philosophie. Ersterscheinung: Misère de la philosophie. Réponse a la philosophie de la misère de M. Proudhon, C.G. Vogler, Brüssel / A. Frank, Paris 1847.

[3] Pierre-Joseph Proudhon: Philosophie des Elends. Ersterscheinung: Système des contradictions économiques ou Philosophie de la misère, 1846.

[4] Ich werde im Folgenden männliche und weichbliche Formen zufällig alternierend verwenden, wobei jeweils beide Geschlechter gemeint sind. Auf Sternchen oder andere Zeichen für solche Menschen, die sich zu keiner der beiden Geschlechter zählen, verzichte ich – nicht aus Gründen einer intoleranten Weltanschauung, sondern aus rein sprachästhetischen. Selbstverständlich sind immer Menschen aller Eigenschaften gemeint.

Hieraus ergeben sich einige Fragen. Sind die tradierten, meist autoritären Grundsätze des Managements tatsächlich so unverrückbar, wie lange Zeit angenommen? Sind machtorientierte, ausgeprägte Hierarchien wirklich unerlässlich, um effizient und effektiv zu wirtschaften? Arbeiten Menschen nur dann gut, wenn sie reichlich dafür bezahlt werden? Ist ein Management immer oder gar nur dann erfolgreich, wenn es die Gewinne scheinbar „maximiert"? Kann man wirtschaftliche Erfolge zielsicher planen und Entwicklungen recht zuverlässig prognostizieren? Was kann und muss eine Managerin wissen und können, um einen guten Job zu machen? Wie kann und muss ein Manager mit Ungewissheit umgehen? Diese und ähnliche Fragen stellen sich in jüngerer Zeit zu Recht neu. Sie sind verbunden mit Zweifeln an der Gültigkeit und Sinnhaftigkeit typischer wirtschaftswissenschaftlicher Botschaften an Managerinnen sowie Studenten, die nach ihrem Studium in Managementjobs und Führungspositionen hineinwachsen.

Es gibt berechtigte Einwände gegen das beharrliche ökonomische Lehrprogramm. Sie betreffen nicht nur vereinzelte verbesserungswürdige Punkte, sondern sind ganz grundsätzlicher Natur, sodass es um nichts Geringeres geht als um eine paradigmatische Auseinandersetzung, die auch deutlich abweichende Ansätze für ein wirkungsvolles, besseres Management zum Gegenstand hat. Als Paradigma bezeichnet man ein grundlegendes Denkmuster, eine Art Lehrmeinung oder auch Weltanschauung. Schon der legendäre Management-Theoretiker Peter Drucker machte auf die Bedeutung des sozialwissenschaftlichen Paradigmas für das Verhalten und die Entscheidungen von Managern aufmerksam.[5] Die grundlegenden Annahmen eines Paradigmas seien im Unterbewusstsein von Autoren, Gelehrten, Lehrern und Anwendern gespeichert und würden in verschiedenen Ausprägungen in die Praxis umgesetzt. Die Analyse des Zusammenhangs zwischen Bildung, unreflektiertem Verhalten und bewussten Entscheidungen hat in der Psychologie und Philosophie eine lange Tradition. In der ökonomischen Lehre wurde sie hingegen – wie wir sehen werden – nie gepflegt.

Die vorliegende Abhandlung ist kein einfacher Ratgeber, der sich anmaßt, detaillierte Rezepte für ein erfolgreiches Management zu präsentieren. Das

---

[5] Peter Drucker: Was ist Management. Das Beste aus 50 Jahren, 2002, Abschnitt VI. "Die neuen Managerparadigmen".

erfordert stets individuelle Analysen und Ansätze. Stattdessen ist sie ein allgemeines Plädoyer für einen längst überfälligen Paradigmenwechsel, also eine Veränderung des bestehenden Denk- und Verhaltensmusters von Ökonomen und Managerinnen. Sie zeigt die Demarkationslinie zwischen dem alten und dem neuen Paradigma auf und verdeutlicht, warum sich im 20. Jahrhundert trotz vieler Widersprüche und massiver Kritik seitens einiger prominenter Ökonomen ein fragwürdiges Paradigma durchsetzte, das bis heute die Curricula wirtschaftswissenschaftlicher Fakultäten von Universitäten, Hochschulen und Akademien prägt. Ohne eine gründliche Revidierung der gängigen ökonomischen Modelle und deren Basislogik wird der in den einschlägigen Bildungsinstitutionen herangezogene Nachwuchs auch weiterhin mit anachronistischen und irreführenden Leitbildern versorgt, die den Möglichkeiten und Notwendigkeiten einer zeitgemäßen Arbeits- und Lebenswelt nicht angemessen sind.

Mag das alte Paradigma in der Vergangenheit noch relativ wenig Schaden angerichtet und vielleicht sogar bis zu einem bestimmten Zeitpunkt der Wirtschafts- und Sozialgeschichte noch halbwegs funktioniert haben, so wird es spätestens seit Beginn des 21. Jahrhunderts von der Realität überholt. Zwar wird etwa unter dem Stichwort „New Work" und „Agiles Arbeiten" derzeit von vielen Managerinnen versucht, am Puls der Zeit zu bleiben. Doch handelt es sich oft nur um oberflächliche Erneuerungen, die samt neuer Buzzwords in die Kategorie opportunistischer Modeerscheinung gehören. Nach meiner Einschätzung stoßen viele Organisationen in ihrer proklamierten Veränderungsdynamik schnell an Grenzen, spüren, dass wirklich neue Organisationskonzepte schwer oder gar nicht mit den eingefleischten Prinzipien des alten Paradigmas und der mit ihr verbundenen Organisationskultur vereinbar sind und führen deshalb nur halbherzige Veränderungen ein, die mehr Schein als Sein sind, um nicht den Eindruck zu erwecken, den Anschluss zu verpassen. Das macht es echten Reformern nicht leichter. Möglicherweise kann die vorliegende Abhandlung dazu beitragen, die Notwendigkeit zu einem gründlich angelegten Wandel zu erkennen – einem Wandel, der mit einem echten Veränderungsprozess einhergehen muss. An dessen Anfang steht immer eine Bewusstseinswerdung und Wahrnehmungsveränderung, welche die festgefahrenen Dogmen aufweichen, den Blick auf Alternativen freimachen und die Rekonstruktion alter Herangehensweisen zulassen.

Bereits während meines Studiums begann ich, an einigen grundlegenden Modellen und Theorien der verbreiteten „Mainstreamökonomik", wie ich sie im Folgenden bezeichne, zu zweifeln. Sie vermochten die Welt, wie ich sie wahrnahm, nicht befriedigend zu erklären. Viele Lehrsätze besaßen lediglich einen rein normativen Charakter nach dem Muster: So sollte man handeln, damit es ökonomisch vernünftig ist. Warum Menschen sich dennoch oft anders verhalten, blieb ebenso ungeklärt wie die Frage nach dem Umgang mit dieser Tatsache. Genauso verhielt es sich mit der Frage, woher selbst sehr kluge Menschen die notwendigen Informationen bekommen, um sich derart ökonomisch rational zu verhalten. Gleichzeitig brüsteten sich die Vertreter der Mainstreamökonomik mit dem Bekenntnis zur Enthaltung von Werturteilen. Die angestrebte Werturteilsfreiheit der ökonomischen Theorie konnte für mich aber nicht heißen, die tatsächliche Existenz ethischer Aspekte bei der Analyse wirtschaftlicher und sozialer Phänomene zu ignorieren. Spielen moralische Ansichten etwa keine Rolle für Entscheidungen und Verhalten?

Auch wenn gewiss das Gebot gilt, wissenschaftliche Abhandlungen nicht mit „heimlichen" Werturteilen zu spicken, so darf man nicht das Kind mit dem Bad ausschütten, indem man die Existenz ethischer Aspekte bei der Analyse von sozialen Zusammenhängen gänzlich abspaltet. Moralische Urteile gehören nun einmal zur gesellschaftlichen Realität und spielen überall dort eine Rolle, wo Menschen Entscheidungen treffen, in irgendeiner Weise miteinander kooperieren und in ihren Handlungen nach Sinnhaftigkeit suchen und Gerechtigkeit einfordern. Hinzu kommen Aspekte der Emotionalität. Sie gehören aus guten evolutionstheoretischen Gründen genauso zum Menschen wie seine Vernunftbegabung und gewinnen unter anderem in moralischen Konflikten eine große Bedeutung. Das Wirtschaftsleben ist kein Ausnahmebereich der Wirkungskraft von Moral und Emotion, auch wenn das die Mainstreamökonomik nahelegt. Bei alltäglichen marktwirtschaftlichen Aktivitäten und ganz allgemein am Arbeitsplatz mag der Einfluss ethischer Werte und Werturteile vielleicht nicht immer so offensichtlich zutage treten wie in manch anderen Lebensbereichen. Doch heißt das nicht, dass sie dort nicht ebenfalls eine starke Wirkung entfalten können – nicht zuletzt bei der Verteilung von Rechten und Pflichten sowie der Einstufung von Leistung und Gehalt. Die Welt ethischer Werte und Werturteile zu ignorieren, führt deshalb oftmals zu unrealistischen Handlungsmodellen in der Theorie und letztlich zu falschen Entscheidungen in der Praxis.

Mit der Zeit entwickelte sich bei mir aus meinem anfänglichen Unbehagen langsam eine systematische Kritik an der Mainstreamökonomik. Was mir schnell einleuchtete, war die Notwendigkeit zu einem interdisziplinären Ansatz, also der Anreicherung wirtschaftswissenschaftlicher Theorien mit Erkenntnissen aus Nachbardisziplinen, vor allem mit anthropologischen, soziologischen, psychologischen und wissenschaftstheoretischen Inhalten. Eine realistische Wirtschaftstheorie kann insbesondere nicht ohne ein realistisches Menschenbild auskommen. Für mainstreamökonomisch nicht konditionierte Menschen ist das wahrscheinlich naheliegend. Ein realistisches Menschenbild muss die kognitiven Grenzen ebenso berücksichtigen wie die Bereiche Emotionen und Moral. Für Menschen, die die Schule der Mainstreamökonomik durchlaufen haben, sieht das oft anders aus.

Ein wichtiger theoretischer Anker war für mich stets das beeindruckende Werk von Joseph Schumpeter, insbesondere sein Frühwerk „Theorie der wirtschaftlichen Entwicklung". Schumpeters breiter sozialwissenschaftlicher Ansatz sowie sein ausgereifter Schreib- und Argumentationsstil haben mich beeindruckt und unmittelbar überzeugt. Doch obwohl Schumpeter sicherlich seinen unverrückbaren Platz in der Geschichte der ökonomischen Analyse besitzt, steht seine zentrale Theorie der wirtschaftlichen Entwicklung im Abseits der wirtschaftswissenschaftlichen Denkschulen und taucht in den üblichen Curricula nur beiläufig und unzulänglich unter dem Stichwort „Innovationen" und „dynamischer Unternehmer" auf. Der Grund dafür besteht meines Erachtens darin, dass seine Entwicklungstheorie in zentralen Punkten der neoklassischen Mainstreamökonomik widerspricht, was der Mainstream-Gemeinde allerdings bis heute nicht bewusst zu sein scheint. Wie ich in meinem Buch „Menschenbild, Moral und wirtschaftliche Entwicklung"[6] zeigen konnte, brach Schumpeter in seiner bahnbrechenden Theorie die damals aufstrebende neoklassische Modellwelt an zwei entscheidenden Stellen auf:

Erstens distanzierte er sich implizit vom uniformen Menschenbild Homo oeconomicus zugunsten eines heterogeneren Handlungsmodells, das unterschiedliche Persönlichkeitstypen berücksichtigt. Insbesondere spielt der Unternehmertyp eine herausragende Rolle als Motor des Innovationsprozesses. Seine Handlungen können mit der ökonomischen Rationalität des Homo oeconomicus nicht erklärt werden.

Zweitens ging er davon aus, dass wirtschaftende Menschen keineswegs

---

[6] Stefan Kaletsch: Menschenbild, Moral und wirtschaftliche Entwicklung, Münster 1998.

über alle notwendigen Informationen verfügen können. Das gilt für vorge-
schichtliche Gemeinschaften von Jägern und Sammlern, die immer Überraschungen ausgesetzt waren, ebenso wie für die neolithische Bauerngesellschaft,
die allein mit Witterungen hohe Ungewissheitsgrade aushalten
mussten. Im neuzeitlichen Kapitalismus gewinnt dieser Aspekt – das zeigte
Schumpeter – nochmals an Bedeutung, wenn es um sozialen und technologischen Fortschritt geht, also vor allem um die Einführung neuer Produkte, Produktionsverfahren und der Erschließung neuer Absatzmärkte
und Bezugsquellen. Damit führt Schumpeter explizit die generelle Unberechenbarkeit der Zukunft und damit auch die inhärent hohe Ungewissheit
innovativen, unternehmerischen Handelns ein. Der Faktor Ungewissheit,
der auch bei anderen berühmten Autoren wie beispielsweise Popper,
Knight, Keynes oder Taleb eine zentrale Rolle spielt, wird uns im vorliegenden Buch durchgängig begleiten.

Erst durch ein umfassenderes, realistischeres Menschenbild sowie die Einbeziehung der Ungewissheit werden das Wesen und die Schwierigkeit der
Wirtschaftsplanung und ganz besonders eines Innovationsprozesses verständlich. Letztere machen die spezifische Leistung innovativer, dynamischer Unternehmer, die den bisherigen Erfolg des Kapitalismus begründeten, überhaupt erst sichtbar und verständlich. Innovationen, wirtschaftliche
Weiterentwicklungen, die Bewältigung von Ungewissheit und das Span-
nungsfeld zwischen Kooperation und Führung sind entscheidende The-
men, die in Unternehmen, Organisationen, Volkswirtschaften und Gesellschaften auch heutzutage eine zentrale Rolle spielen. Die Mainstreamökonomik spart die Logik des wirtschaftsendogenen Innovationsprozesses
komplett aus und begnügt sich damit, dessen wohlstandsgesellschaftliche
Bedeutung zu erwähnen. Ich halte es daher auch aus diesem Grund für
dringend geboten, an Universitäten, Hochschulen und Akademien das neoklassisch durchdrungene Curriculum der Mainstreamökonomik und damit auch die Perspektive und Grundhaltung zukünftiger Manager und Po-
litikerinnen zu verändern. Ich hoffe zudem, die ein- oder andere gestandene
Managerin mit der vorliegenden Abhandlung diesbezüglich nachdenklich
zu stimmen und den Geist für neue Wege zu öffnen.

Man kann in den wirtschaftswissenschaftlichen Studiengängen seit mehr
als hundert Jahren viel über Effizienzsteigerungen, Gewinn- und Umsatz-
maxima, Kostenminima und Optima aller Arten erfahren. Man lernt sogar,
mit den einschlägigen Formeln der Schulmathematik diese exakt zu be-

rechnen, sofern die Akteure denn entsprechendes Datenmaterial zur Verfügung hätten, in die Zukunft schauen könnten oder in einer unveränderlichen Welt leben würden – Annahmen, welche bis heute die Basismodelle der Mainstreamökonomik prägen, jedoch den empirischen Erfahrungen fundamental widersprechen. Die Gesetzmäßigkeiten der Ökonomie – so wird zunehmend seit Anfang des 20. Jahrhunderts gelehrt – müsse mithilfe der Mathematik erschlossen werden. Und wer das Fach Volkswirtschaftslehre (VWL), Betriebswirtschaftslehre (BWL) oder Wirtschaftswissenschaften (WiWi) zu studieren beabsichtigt, solle sich vergewissern, dass seine mathematischen Talente hierfür ausreichen. Man darf sich also nicht wundern, wenn andere Talente und Interessen, die mitunter viel wichtiger für Managementberufe sind, durch die einseitige Selektion der Bewerber weit unterpräsentiert sind.

Man kann es zudem Studierenden ökonomischer Fakultäten nicht verdenken, wenn sie mit entsprechenden Erwartungen an mathematische Klarheit und Eindeutigkeit ihr Wirtschaftsstudium beginnen. Und man kann es ihnen schließlich noch weniger verübeln, wenn sie als AbsolventInnen, aus deren Pool ein Großteil des Managementnachwuchses rekrutiert wird, die Universitäten, Hochschulen und Wirtschaftsakademien mit der Überzeugung verlassen, im Mittelpunkt eines Managementjobs stünde die Steuerung einer Organisation anhand von „harten Zahlen", während alles andere nur „weiche Faktoren" seien, die bestenfalls in guten Zeiten marginale Effekte bewirken könnten. Doch es gibt immer mehr empirische Befunde sowie theoretische Arbeiten, die nahelegen, dass gerade in modernen Gesellschaften andere Ansätze angemessener und erfolgreicher sind, sowie Talente und Fähigkeiten jenseits der Mathematik über echte, nachhaltige Managementerfolge entscheiden.[7]

Das, was Manager tatsächlich mathematisch berechnen oder jedenfalls verstehen müssen, ist weder hochkomplexer Raketenbau noch zauberhaftes Hexenwerk. Dort, wo es auf hochspezialisierten Gebieten ein solches ist, gibt es Spezialisten, auf deren fundiertes Wissen man vertrauen sollte. Man denke etwa an Bereiche der Ingenieurwissenschaften, Versicherungsma-

---

[7] Einen recht beeindruckenden Einblick in besonders ausgeprägte Möglichkeiten moderner Führungsmethoden verschafft beispielsweise der Berater und Coach Frederic Laloux: Reinventing Organisations. Ein illustrierter Leitfaden sinnstiftender Formen der Zusammenarbeit, 2017.

thematik oder Informatik. Ausnahmen mögen die Techniken der Rechnungslegung und der volkswirtschaftlichen Gesamtrechnung sein. Für ein gutes Management zählt aber keinesfalls die Fähigkeit, das Wenige, das tatsächlich berechenbar ist, nach allen Regeln der mathematischen Kunst zu beherrschen, als vielmehr die Fähigkeit, klug und geschickt mit allem Unberechenbaren umzugehen, wozu nicht zuletzt Menschenführung gehört. Zu einem erfolgreichen Management benötigt man gewiss auch logisches Verständnis, aber keine mathematischen Techniken wie sie etwa in der Physik unverzichtbar sind. Für eindeutige Berechnungen fehlen im sozialwissenschaftlichen Bereich im Normalfall zuverlässige Daten. Eine Ausnahme bildet zu einem gewissen Maß die Welt der Statistik, die naturgemäß auf vergangenen Ereignissen beruht. Doch auch ihre Interpretationen sind bekanntermaßen meist nur spekulativ. Der reine Wunsch nach Eindeutigkeit und Zielgenauigkeit bezüglich zukünftiger Ereignisse verführt dazu, die Unbekannten einer Gleichung zu ignorieren oder ihnen automatisch nur marginalen Einfluss zuzuschreiben. An diesem treuen Glauben scheint auch die Tatsache nicht zu rütteln, dass etwa Wachstumsprognosen permanent schon nach kurzer Zeit zum Teil erheblich korrigiert werden müssen. Offenbar besitzen solch renommierte Ökonomen wie die sogenannten „Wirtschaftsweisen" eine Autorität, die ihnen eine gewisse göttliche Unantastbarkeit verleihen. Doch diese sollte es gerade aus rationalen Gründen nicht geben. Man denke nur an die wiederholten, zum Teil drastischen Korrekturen der Wachstumsprognosen hochprofessioneller Wirtschaftsinstitute, einschließlich den Gutachten der Wirtschaftsweisen. Sie alle können den Faktor Ungewissheit selbst mit hohem Aufwand nicht entkommen.

Mit Ungewissheit umgehen zu können, fällt Menschen im Allgemeinen schwer. Wir alle wünschen uns Gewissheiten. Dort, wo wir sie nicht erhalten können, produzieren wir gerne unwiderlegbare Thesen zum Beispiel über die Existenz eines Gottes oder die überlegene Kompetenz einer irdischen Instanz sowie andere unangreifbare Glaubensbekenntnisse und Dogmen und verschließen uns fortan jeglicher Kritik. Wir lassen uns auch gerne eine Illusion der Sicherheit oder Gewissheit verkaufen – Gewissheit als lukratives Produkt, wovor der Skeptiker Gerd Gigerenzer ausdrücklich warnt.[8] Dietrich Dörner verweist in seinem bekannten Buch „Die Logik

---

[8] Gerd Gigerenzer: Das Einmaleins der Skepsis. Über den richtigen Umgang mit Zahlten und Risiken, 10. Auflage (2013), 2002, S. 28.

des Misslingens" auf ein geradezu typisches Verhalten von schlechten Entscheidern, wonach deren Unfähigkeit, „Unbestimmtheit zu ertragen", dazu führe, dass man sich in „Bestimmtheit und Sicherheit flüchte", um seiner „Hilflosigkeit und Ohnmacht in schwierigen Situationen nicht ansichtig zu werden".[9] In Dörners experimentellen Versuchen zeigte sich, dass schlechte Entscheider eine Hypothese aufstellten, die sie ab sofort als Wahrheit behandelten, welche nicht mehr hinterfragt werde.[10] Mit Ungewissheit produktiv umgehen zu können, ist jedoch gerade für solche Manager oder Unternehmerinnen von großer Bedeutung, die sich in erster Linie durch innovative Leistungen behaupten wollen oder müssen. Immerhin gelten Innovationen zwar als riskant, aber ebenso als substanzieller Erfolgsfaktor für Unternehmen und ganze Volkswirtschaften. Das zumindest sehen auch Mainstreamökonomen nicht anders, obwohl sie innovative Prozesse mit ihren statischen Modellen weder beschreiben noch erklären können. Doch gerade im Bereich von Innovationen, den erstmals ausführlich und, wie ich meine, bislang unübertroffen Joseph Schumpeter 1912[11] erhellt hat, bewegt man sich jenseits aller Kurvendiskussionen und mathematischer Optimierungsformeln.

Das alles mag im ersten Moment für viele wirtschaftswissenschaftlich geschulte AkademikerInnen, die im neoklassischen Paradigma großgeworden sind, verwirrend klingen. Wer durch die Schule der neoklassischen geprägten Mainstreamökonomik gegangen ist, orientiert sich ausschließlich an Berechenbarem. Alles andere erscheint aus dieser Perspektive willkürlich oder gar irrational. Doch ich möchte gerade auch die Skeptiker des hier proklamierten „neuen" Paradigmas einladen, sich anhand der vorliegenden Abhandlung von den unfruchtbaren Zöpfen der neoklassisch geprägten Mainstreamökonomik wenigstens einen schnittweit zu trennen. Es besteht sodann die Chance, eine Perspektive zu gewinnen, welche es erlaubt, auch die Herausforderungen des Managementalltags besser zu bewältigen und bisher unentdeckte Potenziale freizulegen.

---

[9] Dietrich Dörner: Die Logik des Misslingens. Strategisches Denken in komplexen Situationen, 2003, S. 46.

[10] Dietrich Dörner: Die Logik des Misslingens. Strategisches Denken in komplexen Situationen, 2003, S. 40.

[11] Joseph Schumpeter: Theorie der wirtschaftlichen Entwicklung; Nachdruck der 1. Auflage von 1912, herausgegeben und ergänzt um eine Einführung von Jochen Röpke und Olaf Stiller, Berlin, 2006.

Natürlich gehören Zahlen und einfache Rechnungen zum ordentlichen Wirtschaften. Und man sollte als Studierende des Fachbereichs Ökonomie und erst recht als Manager selbstverständlich keine Angst vor ein paar Zahlen haben sowie das Einmaleins beherrschen. Managerinnen müssen beispielsweise die üblichen Kennzahlen wie Umsatzrendite, Gewinnmarge, EBIT, Bilanzen, Statistiken und ähnliches im Blick behalten und interpretieren können. Doch handelt es sich hierbei weder um höhere Mathematik, noch erlaubt das die Ignoranz nicht berechenbarer Faktoren, einschließlich menschlicher und sozialer Aspekte – weder in ethischer noch in wirtschaftlich funktionaler Betrachtung. Ich gehe in dieser Einschätzung sogar noch einen Schritt weiter und behaupte, dass es viele Situationen gibt, in denen es sehr schädlich ist, wenn man sich massiv auf „harte" Kennzahlen konzentriert. Ich stütze diese These auf die folgenden zwei Argumente, die ich später noch untermauern werde:

Erstens bilden die üblichen Kennzahlen nur einen beschränkten Teil der relevanten Fakten ab. Zweitens beziehen sich die harten Kennzahlen lediglich auf die Vergangenheit und bestenfalls auf die Gegenwart. Die Zukunft betreffen harte Kennzahlen hingegen nur, wenn sie sich aus Erwartungen zusammensetzen oder angestrebte Ziele markieren, womit man aber wiederum nur Spekulationen und Wünsche und keine Tatsachen ausdrückt. Wie man die gesetzten Ziele erreicht, welche Überraschungen man erlebt und mit welchen schwerwiegenden Problemen man sich am Ende tatsächlich auseinandersetzen muss, lässt sich hingegen nicht, oder wenigstens nicht mit Gewissheit und schon gar nicht mit Exaktheit vorausberechnen. Wäre es anders, dann gehörte der Beruf Manager wohl zu den bislang bestbezahlten Berufen, die demnächst durch eine wesentlich kostengünstigere Künstliche Intelligenz (KI) ersetzt werden können. Doch genau das wird aus gutem Grunde nicht geschehen. Allerdings werden auf kurz oder lang diejenigen Führungskräfte auf der Strecke bleiben, die ihren Beruf weiter in dem alten, hier kritisierten Paradigma ausüben. Sie sind die ersten Managerinnen, die der Künstlichen Intelligenz zum Opfer fallen werden, weil sie die menschlichen Potenziale, die nicht durch KI ersetzbar sind, nicht entfalten können.

Universitäten, Hochschulen und Akademien sollten dem Managementnachwuchs die beschränkte und beschränkende Aussagekraft harter Kennzahlen bewusstmachen, statt den Ehrgeiz zu schüren, alle relevanten Faktoren in ein Zahlenkorsett zu stecken, im Glauben, einzig dadurch das Geschick einer Unternehmung oder sonst irgendeiner Organisation lenken zu können. Modernes Management ähnelt eher Pilzesammeln: Man weiß aus Erfahrung und grundlegenden Theorien, wo sie prinzipiell zu finden sind, kann sich aber nicht darauf verlassen, dass sie im nächsten Jahr wieder am selben konkreten Ort aufzufinden sind und kennt auch nicht die genauen Bedingungen, wann sie tatsächlich aus dem Waldboden schießen. Jemanden mit genauen Instruktionen loszuschicken, um Pilze zu sammeln, macht folglich wenig Sinn.

Management muss in seiner umfassenden Breite verstanden werden, nämlich als Führung auf einer Entdeckungsreise, die immer neue Entscheidungen, Korrekturen und Veränderungen erfordert. Und auf dieser Reise reicht es nicht aus, ein mathematisches Formalziel wie „Gewinnmaximierung" oder „Kostenminimierung" zu verfolgen. Das genügt allein schon deshalb nicht, weil niemand wissen kann, wo diese angestrebten Optima liegen und wann sie tatsächlich erreicht sind. Zwar beherrschen die Maxima, Minima und Optima seit langem den üblichen Sprachgebrauch in der Wirtschaft. Doch sie können vor dem Aspekt der Ungewissheit rein logisch gar nicht ermittelt und bestenfalls nur innerhalb kurzer, definierter Zeiträume (Jahr, Quartal) angestrebt werden. Für einen nachhaltigen Erfolg kann diese Kurzsichtigkeit hingegen sehr kontraproduktiv sein. Die Ergebnisse der Folgeintervalle können allzu leicht durch die Konzentration auf kurzfristige Zielvorgaben mitunter äußerst negativ beeinflusst werden. Dies führt typischerweise zur Vernachlässigung von langfristigen Effekten. Ein bekanntes Beispiel ist die Deutsche Bahn AG, die nicht zuletzt unter dem damaligen Vorstandsvorsitzenden Mehdorn das Unternehmen unbedingt an die Börse bringen wollte und zu diesem Zweck sämtliche Investitionen auf ein Minimum reduzierte, um die Bilanzen zu schönen. Der resultierende Investitionsstau hat der Funktionstüchtigkeit und Attraktivität der Bahn sehr geschadet. Eine Schädigung des langfristigen Erfolges kann leicht durch ungeeignete Einsparungen, die spürbare Auswirkungen auf Qualität und Service haben, zustande kommen. So verliert man nicht nur enttäuschte Kunden, die zudem noch virale Negativwerbung in die Welt senden, sondern versäumt es auch, den notwendigen Ausbau von Kapazitäten zu schaffen. Aus kurzfristigen Gewinnen werden dann langfristige Defizite. Und schließlich gefährden kurzfristige Maximierungsziele auch die Spielräume und Durststrecken, die Innovationen für gewöhnlich benötigen. Von Gewinnmaximierungsstrategien zu sprechen, ist dann reine Augenwischerei, die vielleicht punktuell die Börse befeuert, aber nicht auf nachhaltigen Erfolg angelegt ist.

Versuche einer schrittweisen Verbesserung von Prozessen sind hingegen gewiss sinnvoll und häufig möglich. „Optimieren", wie es oft heißt, kann man hingegen letztendlich nur unter streng kontrollierbaren Rahmenbedingungen, die im Management selten gegeben sind. Man muss bei allen Bemühungen um Verbesserungen bestehender Lösungen für Veränderungen offenbleiben, genauso wie für Kurskorrekturen und die Nutzung sich neu bietender Möglichkeiten – sei es, weil man sie anfangs nicht erkannte oder aber, weil sie sich aus einer nicht prognostizierbaren Dynamik erst später ergeben haben. Hingegen gilt, je mehr es gelingt, innerhalb der unvermeidbaren Unwägbarkeiten und Ungewissheiten der Welt, in der wir leben und arbeiten, kompetente Mitarbeiterinnen und Mitarbeiter auf einen klar formulierten Organisationszweck einzuschwören und die Organisation als solche zu einem Teil deren Identität zu machen, desto größer sind die Chancen, als Organisation langfristig erfolgreich zu sein. Wenn man also tatsächlich eine Art „Maximierung" anstrebt, so sollte die Unternehmensstrategie zuallererst auf einen langfristigen, nachhaltigen Erfolg angelegt sein.

Obwohl wir – was niemand ernsthaft bestreiten kann – die Zukunft nicht berechnen können, so sind wir letztlich ebenso wenig dazu verdammt, sie fatalistisch hinzunehmen. Man kann und sollte stattdessen versuchen, die Zukunft so weit wie möglich zu gestalten. Und wer wiederum die Zukunft gestalten oder sie wenigstens marginal beeinflussen will, muss Strategien entwickeln, mit den unvermeidbaren Ungewissheiten und Turbulenzen der Welt vernünftig umzugehen. Wer allerdings glaubt, das sei allein mit Risikobewertungen und Versicherungsmathematik zu bewältigen, irrt gewaltig, orientiert sich an einer rationalistischen Utopie und opfert entscheidende Aspekte des Managements am neoklassischen Altar formaler Exaktheit.

Um nachvollziehbar zu machen, wie sich die Vorherrschaft der hier kritisierten Mainstreamökonomik entwickelt hat, obwohl sie elementare Konstruktionsfehler besitzt, sollen im folgenden Kapitel die wesentlichen Linien der Entwicklung des alten, festgefahrenen Paradigmas aufgezeigt werden, einschließlich der immer wieder aufkeimenden Kritik von namhaften Ökonomen und Sozialwissenschaftler. Hier wird deutlich werden, dass es sich um eine Fehlentwicklung handelt, die es verdient korrigiert zu werden. Obwohl es sich im folgenden Kapitel zunächst um eine akademische Erörterung handelt, ist diese ultrakurze Geschichte der Wirtschaftswissenschaften, vor allem der letzten 100 Jahre, ebenso spannend wie aufschlussreich für ein tieferes Verständnis ihrer praktischen Relevanz. Das neoklassische Paradigma bestimmt das Denken zahlreicher Managerinnen und wirtschaftswissenschaftlicher Berater, die im Laufe von Jahrzehnten die Universitäten, Hochschulen und Akademien durchlaufen haben. Es besitzt die Hartnäckigkeit eines Dogmas, das nur noch marginale Kritik aus den eigenen Reihen zulässt. Man wird dieses widerspenstige neoklassische Gewächs wahrscheinlich nur bekämpfen können, indem man seine Wurzeln kappt.

II.   Der verhängnisvolle Siegeszug der Neoklassik

Der ökonomische Lehrstoff, den ich als Mainstreamökonomik bezeichne, wird nach wie vor beherrscht vom so genannten „neoklassischen" Paradigma. Die neoklassische Theorie, die vorwiegend mit den Lehren von Leon Walras, Alfred Marshall, Carl Menger und einigen anderen Zeitgenossen um die Wende zum 20. Jahrhunderts ihren Anfang nahm, kann als Theorie der Optimierungsentscheidungen verstanden werden. Neoklassische geprägte Wirtschaftsforscher sahen und sehen ihre Aufgabe darin, die klassischen Wirkungsanalysen von Adam Smith mathematisch zu verfeinern und von konkreten gesellschaftlichen Institutionen zu abstrahieren. Sie verfolgen das Ziel, das mathematisch maximal Denkbare aufzuzeigen. Klassik und Neoklassik besitzen somit – wie Wilhelm Meyer treffend formulierte – zwei sehr voneinander verschiedene Erkenntnisprogramme: „Die klassische Ökonomie sieht in Institutionen, die freie Märkte und stabiles Geld ermöglichen, die faktischen Bedingungen zur Herstellung von allseits zufriedenstellenden Lebensumständen. Die neoklassische Tradition glaubt, durch den Nachweis der logischen Möglichkeiten von optimalen Ressourcenallokationen ausreichende Hinweise zu deren Realisierbarkeit zu liefern. Nach dem Motto: Was denkbar ist, muß bei gutem Willen realisierbar sein." [12] Die Substanz des Basis-Curriculums der wirtschaftswissenschaftlichen Studiengänge hat sich trotz einer beträchtlichen Erweiterung der ökonomischen Theorielandschaft bis heute kaum geändert. Die „Mainstreamökonomik" ist von neoklassischen Lehrmodellen durchzogenen. Sie üben weltweit einen enormen Einfluss auf den Nachwuchs im Management aus. So sieht es unter anderen auch David Orrell, der in seinem Buch „Economyths: Ten Ways Economics Gets it Wrong" [13] schreibt:

„The theory they developed is known as neoclassical economics. Today it still forms the basis of orthodox theory, and makes up the core curriculum taught to future economists and business leaders in universities and busi-

---

[12] Wilhelm Meyer: Die Idee der Wissenschaft, in: Grundbegriffe zur Ordnungstheorie und Politischen Ökonomie, S. 18, hrsg. v. Alfred Schüller und Hans-Günter Krüsselberg, Marburg 1992.

[13] David Orrell: Economyths: Ten Ways Economics Gets it Wrong", 2010, S. 13.

ness schools around the world. As a set of ideas, it might be the most pow-erful in modern history."[14]

Wer keine wirtschaftswissenschaftliche Ausbildung besitzt, kann die spezielle Perspektive und das damit in Zusammenhang stehende Menschen- und Weltbild eines Ökonomen erfahrungsgemäß schwer nachvollziehen. Das ist verständlich und kein Zeichen von fehlendem Talent, sondern – wie ich meine – eine berechtigte Reaktion auf offensichtliche Widersprüche zu vielen erlebten Alltagserfahrungen. Mainstream-Ökonomen verteidigen dennoch die unrealistischen Annahmen ihrer Modellwelt, die ihren hohen Abstraktionsgrad nicht etwa als Manko, sondern als analytische Errungenschaft verstehen. Kritiker dieser Analysetechnik – zu denen ich zähle – sehen hingegen in Modellen, die allzu stark von der Wirklichkeit abweichen, keinen erkenntnisbringenden Ansatz. Tatsache ist jedenfalls, dass die neoklassische Modellwelt an vielen Stellen und insbesondere in ihren Basisannahmen deutlich von der Erfahrungswelt abweicht.

Bevor ich meine fundamentalen Vorbehalte gegenüber der neoklassischen Mainstreamökonomik formuliere, will ich das Objekt meiner Kritik genauer definieren. Der Hauptfundus dessen, was an den Universitäten, Hochschulen und Akademien den Studierenden als vermeintlich aufschlussreiche Modell-Analytik vermittelt wird, stützt sich nach meiner Einschätzung im Wesentlichen auf folgende Elemente:

1. Statische (Gleichgewichts-) Modelle, in denen ausschließlich zeitpunktbezogene Zustände betrachtet werden, worin Nachfrage und Angebot bei einem bestimmten Preis-Mengen-Verhältnis ausgeglichen sind. Diese Modelle folgen der Logik newtonscher Physik, die in der wirtschaftlichen Realität niemals stabile Zustände einnehmen.

2. Modellprämissen, die einzig der Berechenbarkeit dienen. Dazu gehören vollständige Informiertheit/Wissen; rationale, vornehmlich hedonistische und streng eigennützige Akteure (Homo oeconomicus); vollständige Konkurrenz auf den Märkten oder vollkommen konkurrenzlose Monopole. Auch diese Annahmen sind entweder vollkommen unrealistisch oder treffen zumindest nur temporär

---

[14] Auch Maja Göpel, die David Orrel zitiert, schließt sich diesem Befund an. Maja Göpel: The Greatmindshift. How a New Economic Paradigm and Sustainability Transformations go Hand in Hand, 2016, S.53.

und sehr eingeschränkt zu. Zwar werden auch Oligopole betrachtet, doch sind die Erkenntnisse hieraus uneindeutig.

3. Rein quantitative Wachstumsmodelle, die technischen Fortschritt nicht endogen erklären, sondern als einen exogenen, vom wirtschaftlichen Prozess vollkommen unabhängigen Faktor behandeln; die Modelle können somit auch keine dynamischen Prozesse in der historischen Zeit darstellen und vernachlässigen damit die große Bedeutung von Innovationen.

4. Marginalprinzip und Partialanalyse als Untersuchungsmethoden. Insbesondere die Partialanalyse richtet Schaden an, indem sie separat einzelne Faktoren modelliert, um deren Wirkung zu demonstrieren. Ganzheitliche, systemische Betrachtungen spielen keine Rolle. Das verdeckt insbesondere die Interdependenzen mit anderen relevanten Faktoren und wird deshalb zu einem riesigen Einfallstor für Fehler bei der Konzeption realer Lösungsvorschläge.

5. Optimierungs-, Maximierungs- und Minimierungsmodelle, die sich in der Realität nur unter spekulativen Daten ermitteln lassen und daher nur scheinbar harte Fakten darstellen. Dazu gehört auch das vielzitierte Pareto Optimum[15].

Allein diese fünf Elemente beschränken die neoklassische Mainstreamökonomik auf ein normatives Forschungsprogramm, das lediglich herausfinden möchte, welche Lösungen ausschließlich unter dem Kriterium einer auf dem Reißbrett errechenbaren Wirtschaftlichkeit „theoretisch" die bestmöglichen wären. Mit diesem aus sozialwissenschaftlicher Sicht bescheidenen Ziel begnügt sich die neoklassische Mainstreamökonomik. Dass man dadurch die gesellschaftssystemischen Zusammenhänge aus den Augen verliert und den Raum brauchbarer Vor- und Ratschläge für die organisationale und ordnungspolitische Gestaltung verlässt, bringt sie nicht von

---

[15] Von einem Pareto Optimum, benannt nach seinem Erfinder Vilfredo Pareto, dem einige auch die Erfindung des Homo oeconomicus zuschreiben, besagt, dass ein Verteilungsoptimum der Güter dann erreicht ist, wenn bei Umverteilung der Nutzen eines Individuums nur noch dadurch erhöht werden kann, indem ein anderes schlechter gestellt wird. Unter dieser Bedingung hätte keine der Innovation stattgefunden, die den Kapitalismus so erfolgreich gemacht haben.

diesem Kurs ab. Damit wird die häufig gegen die Wirtschaftstheorie vorgebrachte Kritik, es handele sich nur um „reine Theorie", nachvollziehbar. Doch sollte man dies nicht zum Anlass nehmen, pauschal jede Sozialtheorie als ein für praktische Zwecke unbrauchbares Gedankenkonstrukt vergeistigter Nerds abzutun. Stattdessen sollte man es lieber mit Immanuel Kant halten, dem man den Satz zuschreibt: „Es gibt nichts Praktischeres als eine gute Theorie." Eine gute Theorie zur Erklärung der realen Welt ist die neoklassische Modellwelt allerdings nicht. Doch auch mit ihrer sehr eingeschränkten Praxisnähe liegt in der Mainstreamökonomik ein verführerischer Vorteil, ohne den sie sich wohl kaum so stark durchgesetzt und so hartnäckig behauptet hätte. Unter den neoklassischen Modellannahmen – mögen sie häufig auch noch so unrealistisch sein – lassen sich nämlich mathematisch eindeutige Ergebnisse errechnen. Aber den Anspruch, reale soziale Systeme, in denen wir leben und wirtschaften, ganzheitlich besser zu verstehen und erklären zu können, gibt die Neoklassik hiermit auf.

Damit steht die „Neoklassik" sogar im Widerspruch zu der von Adam Smith begründeten „Klassik" der Wirtschaftswissenschaft, dessen Werk noch als „politische Ökonomie" eingeordnet wurde, bis dieser Begriff schließlich zu eng mit Marxistischer Theorie assoziiert wurde und damit in der kapitalistischen Welt diskreditiert war. Wie lässt sich diese – wie ich meine – letztendlich unfruchtbare Entwicklung dogmenhistorisch erklären? Diese Frage ist nicht nur von rein akademischem Interesse. Wir werden sehen, dass mit ihrer Beantwortung auch einige praxisrelevante Aspekte der Gegenwart auftauchen.

Die Entstehungsgeschichte des herrschenden Paradigmas beginnt im dogmenhistorischen Rückblick mit den Lehren David Ricardos, einem reichen Börsenmakler, der sich nebenbei mit Mathematik und den Naturwissenschaften beschäftige. Ricardo übte in seinen „Principles"[16] mit der analytischen Methode der Partialanalyse großen Einfluss auf die Entwicklung der Wirtschaftswissenschaften aus. Joseph Schumpeter bezeichnete dessen Methode in seiner „Geschichte der ökonomischen Analyse" als „Ricardianisches Übel (Ricardian Vice)". Ricardo zerlege, so Schumpeter, das allgemeine System in einzelne Teile, die er dann „einfror" und als „gegeben" betrachtete. „Sodann häufte er vereinfachend Annahmen aufeinander bis alle Schwierigkeiten beseitigt waren, und schließlich verblieben ihm einige

---

[16] David Ricardo: On the Principles of Political Economy and Taxation, 1817.

wenige variable Gesamtgrößen, zwischen denen er unter den gemachten Annahmen nichtumkehrbare Beziehungen aufstellte, so daß das gewünschte Resultat schließlich nahezu als Tautologie herauskam." [17]

Die sogenannte neoklassische Theorie und mit ihr die starke Mathematisierung der Wirtschaftswissenschaften begann im deutschsprachigen Raum insbesondere mit den Arbeiten des Österreichers Carl Menger und seiner deduktiv forschenden Grenznutzenschule. Sie zeichnete sich aus durch die Aufstellung grundlegender Gesetzmäßigkeiten, von denen weitere theoretisch abgeleitet wurden, und gewann ab den 1870er Jahren immer mehr an Beachtung. Im sich damals manifestierenden Methodenstreit, der so genannten „Großen Antinomie", behauptete sich Mengers neue Ausrichtung der Nationalökonomie[18] gegen die seinerzeit etablierte deutsche „Historische Schule" von Gustav von Schmoller. Schmollers Historische Schule war ausgesprochen interdisziplinär angelegt und versuchte, etwa durch die Einbeziehung psychologischer und ethischer Aspekte, von einem differenzierten, realistischen Menschenbild auszugehen.[19] In der Absicht, wirklichkeitsnahe zu sein, ging die Historische Schule vor allem empirisch induktiv vor, lehnte die rein deduktive, abstrakte, mathematische Herangehensweise der Grenznutzenschule ab und richtete ihren Blick auf die existierenden gesellschaftlichen Institutionen und jeweiligen historischen Besonderheiten. Sie verfing sich dabei allerdings in grenzenloser Faktensammlerei. Was ihr bei aller Wirklichkeitsnähe fehlte, war ein theoretisches Erklärungsmuster zur systematischen Einordnung der gesammelten Daten.

---

[17] Joseph Schumpeter: Geschichte der ökonomischen Analyse, 1964, S. 583f

[18] Nationalökonomie war damals die gebräuchliche Bezeichnung für das, was man später Volkswirtschaftslehre (VWL) nannte und heute häufig allgemeiner als Wirtschaftswissenschaft bezeichnet. Der seit langem sehr beliebte Studiengang der Betriebswirtschaftslehre (BWL) gewann erst ab Mitte des 20. Jahrhunderts an Bedeutung, weil er ähnlich wie zuvor die Handelshochschulen, die Ende des 19. Jahrhunderts in Leipzig, Aachen und Wien gegründet wurden, die typischen Probleme eines Handelsbetriebes systematisch aufarbeiten und vermittelten.

[19] Auch den berühmten Soziologen und Nationalökonomen Max Weber sollte man im Zusammenhang mit interdisziplinären Sozialwissenschaften erwähnen. Obwohl er keinesfalls der Historischen Schule zuzurechnen ist – er gehörte sogar zu deren Kritikern – basiert sein umfang- und einflussreiches Werk auf tiefen Analysen menschlicher Handlungen innerhalb gesellschaftlicher Institutionen. Doch Weber ging in die soziologische Dogmengeschichte ein und spielt in der ökonomischen bestenfalls eine kleine Nebenrolle.

Walter Eucken, dessen Werk[20] großen Einfluss auf das Konzept der „Sozialen Marktwirtschaft" hatte, überwand die Große Antinomie mit seinem Ansatz zur Analyse empirisch historischer Ausprägungen gesellschaftlicher „Ordnungen" und dem Entwurf einer theoretischen Phänomenologie. Euckens herausragende Leistung hatte allerdings auf die weitere internationale Entwicklung der ökonomischen Lehre leider keinen spürbaren Einfluss. Das gilt besonders für den amerikanischen Raum, der spätestens in der zweiten Hälfte des 20. Jahrhunderts einen eigenen Weg einschlug, dominant wurde und weltweit die Maßstäbe für die weitere Entwicklung der ökonomischen Lehre setzte. Dazu gleich mehr.

Der mathematische, deduktive Ansatz der österreichischen Grenznutzenschule hingegen übte wegen seiner eleganten und mathematisch exakten Herangehensweise nicht nur im deutschsprachigen Raum eine starke Faszination auf den wissenschaftlichen Nachwuchs aus. Vor allem an den prominenten Universitäten der Vereinigten Staaten von Amerika, die in Zeiten der deutschen Naziherrschaft, der Judenverfolgung und des Zweiten Weltkrieges auch vielen bedeutenden Forschern aus Europa eine neue Heimat boten, herrschte großer Enthusiasmus für die mathematische Methode in der ökonomischen Theorie. Es mag sein, dass gerade aus Europa vertriebene Sozialwissenschaftler eine besondere Sehnsucht nach „Sachlichkeit", jenseits von unbestimmten, unberechenbaren und ideologisch anmutenden Phänomenen hatten, was diese Entwicklung begünstigt haben könnte. Sie bleibt gleichwohl ein Irrweg, indem sie das Kind mit dem Bade ausschüttete.

Auch aus Sicht der wissenschaftstheoretischen Denkrichtung des „Kritischen Rationalismus'" Karl Poppers, einem der bedeutendsten Philosophen des 20. Jahrhunderts, auf den sich auch viele Ökonomen gerne berufen – darunter erstaunlicherweise selbst neoklassische – lassen sich erhebliche Einwände gegen das neoklassische Paradigma vorbringen. Deutschlands bedeutendster Vertreter des Kritischen Rationalismus, Hans Albert, kritisierte das neoklassische Paradigma bereits 1967 mit dem pointierten

---

[20] Als die beiden wichtigsten Bücher Walter Euckens gelten: „Grundlagen der Nationalökonomie, Jena 1939" und „Grundsätze der Wirtschaftspolitik", das posthum 1952 veröffentlicht wurde. Eucken, der großes Interesse an den geistes- und sozialwissenschaftlichen Nachbardisziplinen Philosophie und Geschichte besaß, stand auch im geistigen Austausch mit Karl Popper sowie August von Hayek und Joseph Schumpeter, von denen später noch die Rede sein wird.

Vorwurf, man betreibe darin einen „Modellplatonismus"[21], womit er sich auf Platons Ideenlehre bezieht. Nach Platon findet sich etwa die Idee eines geometrischen Kreises in seiner „überirdischen" Perfektion niemals in irdischer Erscheinung wieder. Aber sie liefere den Maßstab für das, was wir einen Kreis nennen. So verstehen auch die neoklassischen Wirtschaftswissenschaftler ihre Aufgabe darin, perfekte Lösungsideen zu produzieren, ohne auf deren Realisierbarkeit aufgrund anderer systemischer Restriktionen zu achten. Natürlich besitzt diese Herangehensweise eine innere Logik, welche Intellektuelle durchaus fesseln kann – insbesondere dann, wenn sie von der platonischen Denkschule beeinflusst sind. Doch basiert sie letztendlich stark auf metaphysischen Annahmen und entfernt sich damit zu weit von überprüf- und widerlegbaren Thesen – einer sehr gut begründeten zentralen Anforderung in Poppers Fallibilismus. Die Idealisierung in der neoklassischen Modellwelt, deren Beginn Hans Albert bei Leon Walras und seiner formalistisch-mechanistischen Gleichgewichtstheorie verortet, gehe sogar so weit, dass dessen Erklärungsversuch ein „institutionelles, motivationales und kognitives Vakuum"[22] voraussetze, also weit abgehoben ist von der menschlichen und gesellschaftlichen Wirklichkeit.

Ein weiteres Kapitel auf dem Weg zu einem formalistischen Modelplatonismus wurde erstaunlicherweise durch die makroökonomischen Analysen eines „Stars" unter den Ökonomen, John Maynard Keynes, und dessen charismatischer Persönlichkeit aufgeschlagen. Sein Werk mit dem revolutionären, geradezu ketzerischen Ansatz zur Bewältigung großer Wirtschaftskrisen wirkte sich faszinierend auf den ökonomischen Nachwuchs aus. Keynes hatte Mathematik, Philosophie, Geschichte und „mathematische Ökonomie" studiert, letzteres als Schüler des neoklassischen „Gründungsmitglieds" Alfred Marshall. Keynes´ Doktorarbeit dreht sich um die logischen Grundlagen der Wahrscheinlichkeitsrechnung und wurde von dem berühmten Philosophieprofessor Bertrand Russel höchstpersönlich gelobt. Zwar besaß Keynes eine gewisse akademische Nähe zum aufstrebenden neoklassischen Modellplatonismus. Doch gleichzeitig erkannte er durch seine interdisziplinäre Ausbildung und seine bewahrte Bodenständigkeit die fundamentalen Schwächen der mathematischen Methode, was

---

[21] Hans Albert: Marktsoziologie und Entscheidungslogik", 1967.

[22] Hans Albert: Zur Kritik der reinen Ökonomie. Die Neoklassik und die Methodenkontroverse; in: Beiträge zur Diskussion und Kritik der neoklassischen Ökonomie; Festschrift für Kurt W. Rothschild und Josef Steindl, hrsg. v. Laski, Matzner und Nowotny, 1979, S. 20.

sein Urteil besonders wertvoll macht. Keynes´ pointierte Kritik an der herrschenden neoklassischen Wirtschaftstheorie der 1920er Jahre, welche die
Weltwirtschaftskrise mit erfolglosen physikähnlichen Rezepten behan-
delte, die angeblich langfristig automatisch die gewünschten Marktgleich-
gewichte wiederherstellten, wurde durch folgendes Zitat weltberühmt: „In
the long run we are all dead. Economists set themselves too easy, too use-
less a task if in tempestuous seasons they can only tell us that when the
storm is long past the ocean is flat again."[23]

Keynes Ansatz war revolutionär, was immer anziehend auf eine engagierte
Jugend wirkt. Er bot intellektuell interessante und fruchtbare Thesen. Doch
seine „Allgemeine Theorie" war nicht ausgereift und bot auch Angriffsflä-
chen für eine berechtigte Kritik, die bei aller Anerkennung nicht zuletzt
sein Zeitgenosse Schumpeter übte. Die Kritik wurde allerdings in der Key-
nesschen Euphorie nicht gehört. Umso erstaunlicher ist es, wie deutlich
sich der Mathematiker und Marshall-Schüler Keynes selbst von der mathematischen Methode in den Wirtschaftswissenschaften distanzierte. Diese
allgemein geradezu unterschlagene kritische Einstellung des berühmten
Ökonomen Keynes zeichnet Karl-Heinz Brodbeck ausführlich nach.[24] Es
sind zahlreiche Sätze wie die folgenden, die eindeutig belegen, dass der
von der mathematiklastigen Mainstreamökonomik gerne vereinnahmte
Keynes früh erkannte, dass die Wirtschaftswissenschaften sich nicht des
gleichen Instrumentariums bedienen sollten wie die Physik. Die damals
noch neue „mathematische Ökonomie" – so Keynes – sei „nur ein Gebräu,
ebenso unpräzise wie die anfänglichen Voraussetzungen, auf denen sie basiert und die dem (jeweiligen) Autor erlauben, den Blick für die Komplexität und Interdependenz der realen Welt in einer Masse überheblicher und
wertloser Symbole zu verstecken."[25] Die Ökonomie habe es mit „Motiven,
Erwartungen, psychologischen Unsicherheiten zu tun". Was in der Wirt-

---

[23] John Maynard Keynes: A Tract on Monetary Reform (1923), Collected Writings Bd. IV,
S. 65.
[24] Karl-Heinz Brodbeck: Die fragwürdigen Grundlagen der Ökonomie. Eine philosophische
Kritik der modernen Wirtschaftswissenschaften, 6. Auflage, 2013, S. 97-105.
[25] John Maynard Keynes: The General Theory of Employment, Interest and Money, Collected Writings Vol. VII, S. 15; zitiert bei Karl-Heinz Brodbeck: Die fragwürdigen Grundlagen der Ökonomie. Eine philosophische Kritik der modernen Wirtschaftswissenschaften,
6. Auflage, 2013, S. 102.

schaft geschieht, sei das Resultat von Entscheidungen – und wirtschaftliche Entscheidungen basierten, so Keynes' unmissverständliche Grundüberzeugung, auf Erwartungen.[26] Dies ist nach meiner Einschätzung der Kern von Keynes' absolut berechtigter Kritik. Ihr hätte man weit mehr Beachtung schenken müssen.

Obwohl Keynes, neben Smith wohl der berühmteste Ökonom, mit genau dieser Erkenntnis einen äußerst fruchtbaren Ansatz verfolgte, welcher die Grenzen der Berechenbarkeit klar aufzeigte, wuchsen tragischer Weise die Früchte seiner Analyse ausgerechnet auf dem Humus seiner wenigen mathematischen Formulierungen. Offenbar wurden viele junge, mathematisch begabte Ökonomen damals genau davon beeindruckt. Sie erfüllten deren Sehnsucht, die soziale Welt ebenso mathematisch erfassen zu können, wie dies die Physik, die Königin der Wissenschaften, mit toten Gegenständen vermochte – Ökonomie als Sammlung von Naturgesetzen. Die mathematische Methode wurde geradezu als gleichbedeutend mit Wissenschaftlichkeit gewertet, während Keynes' psychologistischer Ansatz, wonach der Mensch in einer Welt voller Ungewissheiten auf der Grundlage von Erwartungen handele, einer starken Simplifizierung zugunsten der Berechenbarkeit zum Opfer fiel.

Eines der auffälligsten ökonomischen Nachwuchstalente Mitte des 20. Jahrhunderts war Paul A. Samuelson (1915 – 2009). Er war von Keynes inspiriert und erhielt später, 1970, als erster US-Amerikaner den Nobelpreis für Wirtschaftswissenschaften. Das Nobelpreiskomitee würdigte ihn mit den Worten, er habe „große Teile der Wirtschaftswissenschaften umgeschrieben". Samuelson war für das Lehrprogramm der ökonomischen Studiengänge weltweit der einflussreichste Ökonom des 20. Jahrhunderts.[27] Er steht für die Mathematisierung der Ökonomik wie kein anderer, machte damals den Paradigmenwechsel hin zur deduktiven mathematischen Methode perfekt und beeinflusste mit seinem außergewöhnlich erfolgreichen Lehrbuch, das ihn – nebenbei bemerkt – reich machte und

---

[26] John Maynard Keynes: The General Theory and After, Part II, Collected Writings Vol. XIV., S. 46; zitiert bei Karl-Heinz Brodbeck: Die fragwürdigen Grundlagen der Ökonomie. Eine philosophische Kritik der modernen Wirtschaftswissenschaften, 6. Auflage, 2013, S. 98.

[27] Seither gingen die allermeisten Nobelpreise für Wirtschaftswissenschaftler an US-amerikanische Ökonomen.

selbst posthum von seinem späteren Koautor William Nordhaus[28] in immer wieder neuen Auflagen weitergeführt wurde, ganze Generationen und tut es noch heute. Es war schließlich auch Samuelson, der Keynes' geistiges Erbe – oder genauer gesagt das, was er für dieses hielt und deklarierte – mathematisierte, um es mit dem neoklassischen Programm zu verbinden. In der Fachwelt wurde das als die „neoklassische Synthese" gefeiert. Doch muss man auch diesem Modell aus unserer Sicht mit großer Skepsis begegnen. Der Ökonom Alan Blinder kritisierte die von Samuelson angeführte Entwicklung des Fachs wie folgt: „Irgendwann ist die herzliche Umarmung der Mathematik in blinde Verliebtheit und schließlich in Besessenheit umgeschlagen".[29] Spätestens seit den Siebzigerjahren habe man ohne mathematische Formeln keinen Beitrag in den renommierten Fachzeitschriften mehr platzieren können.

Viktor Vanbergs Aufsatz „Mathematikmanie und die Krise der Ökonomik"[30], der sich hauptsächlich auf Tony Lawsons[31] Literaturrecherchen stützt, ist eine wahre Fundgrube kritischer Zitate bekannter Ökonomen, die grundlegende Zweifel an der überdimensionierten Mathematisierung teilen. Nach Vanbergs, beziehungsweise Lawsons Lektüre stellt sich einmal mehr die Frage, warum die Lehrinhalte an unseren Universitäten, Hochschulen und Akademien noch immer vom neoklassischen Paradigma und der Vorstellung bestimmt sind, man könne wirtschaftliche Prozesse in mathematische Modelle fassen, die der Herangehensweise der mechanischen Physik entlehnt sind. Im Folgenden ist eine kleine, aber beeindruckende Auswahl der Zitate aus Lawsons aufschlussreicher Sammlung angeführt.

---

[28] William D. Nordhaus erhielt (2018) ebenfalls den Nobelpreis für Wirtschaftswissenschaften. Er wurde für den Beweis gewürdigt, dass ein weltweites Steuersystem die effektivste Methode für Nachhaltigkeit und Klimaschutz sei. Hier bewegt sich Nordhaus auf der institutionellen Ebene. Das ist aus unserer Sicht schon einmal ein Fortschritt. Doch stünde der Nobelpreis meines Erachtens nicht dem Verkünder dieser Binsenweisheit zu, sondern demjenigen, der aufzuzeigen vermag, wie man ein solches Steuersystem unter realistischen Grundannahmen aufbauen könnte.

[29] Alan S. Blinder: Economics becomes a science – or does it?, Princeton University, CEPS Working Paper Series Nr. 57, Juni 1999 (veröffentlicht in: Useful Knowledge, APS Memoirs, Bd. 234, 1999).

[30] Viktor Vanberg: Mathematikmanie und die Krise der Ökonomik, in: Schweizer Monatshefte, 84. Jahr. Heft 9/10, September/Oktober 2004, S. 21-24.

[31] Tony Lawson: Reorienting Economics, London, New York, 2003.

Die Klarheit ihrer Botschaft kann wohl kaum übertroffen werden.[32]

So äußerte sich etwa der Wirtschaftsnobelpreisträger Ronald Coase, der mit sogenannten „Transaktionskosten" mehr Realitätssinn in die Wirtschaftstheorie einführte, über den damaligen Zustand seines Faches wie folgt:„Existing economic is a theoretical system which floats in the air and which bears little relation to what happens in the real world."[33] Noch deutlicher wird der Wirtschaftswissenschaftler Marc Blaug, der durch seine theoriehistorischen Werke bekannt wurde. Sein Fazit lautet: „Modern Economics is sick. Economics has increasingly become an intellectual game played for its own sake and not for its practical consequences for understandig the economic world. Economists have converted the subject into a sort of social mathematics in which analytical rigour is everything and practical relevance is nothing."[34] Sogar Samuelson, der wahrscheinlich mehr als jeder andere für die Fehlentwicklung verantwortlich ist, spricht im hohen Alter davon, er habe seine Tätigkeit immer als puren Spaß und überbezahlte Tätigkeit empfunden.[35] Da liegt der Verdacht nahe, dass Samuelson unendliche Freude an mathematischen Spielereien hatte und mit unkritischem Blick immer höher in den Elfenbeinturm kletterte. Er verführte Generationen zu seiner „Spielart" ökonomischen Denkens, was 1991 eine aus zwölf herausragenden Ökonomen zusammengesetzte „Commission on Graduate Education in Economics" zu der Schlussfolgerung veranlasste, es sei zu befürchten, dass die amerikanischen Universitäten eine Generation von Fachidioten produzierten, die technisch versiert seien,

---

[32] Viktor Vanberg: Mathematikmanie und die Krise der Ökonomik, in: Schweizer Monatshefte, 84. Jahr. Heft 9/10, September/Oktober 2004, S. 21-24. Zitiert in Tony Lawson: Reorienting Economics, London und New York, 2003.

Siehe hierzu auch Philip Plickert: Gefangen in der Formelwelt, in: Frankfurter Allgemeine, FAZ.NET, aktualisiert am 20.01.2009-14:30

[33] Ronald Coase: Interview with Ronald Coase, in: Newsletter of the International Society for New Institutional Economics, Vol. 2, No. 1, spring, S. 2. Zitiert in: Tony Lawson: Reorienting Economics, London, New York, 2003, S. 10.

[34] Marc Blaug: Ugly Currents in Modern Economics, in: Options Politique, Vol. 18, No. 17, September, S. 3. Zitiert in: Tony Lawson: Reorienting Economics, London, New York, 2003, S. 10.

[35] vgl. Elke Pickartz: Paul Samuelson; Der Bestseller der Volkswirtschaft, in: Wirtschaftswoche vom 11. Dezember 2011.

aber keinerlei Kenntnis realer ökonomischer Probleme besäßen.[36]

Der junge, hoch talentierte Samuelson befand sich zum Schluss seines Studiums an der Harvard-University unter dem Einfluss des legendären Joseph Schumpeter. Schumpeter, der im selben Jahr (1883) wie Keynes geboren und Marx gestorben ist, begann seine bewegte Karriere in seinem Geburtsland Österreich und nahm in späteren Jahren eine Professur an der Bonner Universität an. Als die Nationalsozialisten in Deutschland die Macht ergriffen, folgte Schumpeter einem Ruf der Harvard Universität, wo er, ausgestattet mit einem außergewöhnlich hohen Gehalt, bis zum Ende seines Lebens sehr produktiv arbeitete. Seine herausragenden Bücher und Aufsätze verloren allerdings unter Keynes´ aufkommender Popularität an Einfluss auf das allgemeine ökonomische Lehrprogramm. Anders als im Fall Keynes, auf dessen Werk eine ganze „theoretische Schule", sogar in mehreren Variationen aufbaute – Keynesianismus, Neo-Keynesianismus, Postkeynesianismus –, verweigerte Schumpeter vornehmlich wegen seiner wissenschaftlichen Ideale jegliche Anstrengung, eine derartige dogmatische Denkschule zu manifestieren. Ihm war vielmehr an der kritischen Offenheit der Forschung gelegen und nicht am Paradigmen-Wettbewerb, wie ihn später Thomas Kuhn in seinem berühmten wissenschaftshistorischen Buch „Die Struktur wissenschaftlicher Revolutionen"[37] entlarvte.

Bedauerlicherweise sah der idealistische, ideologiefreie und offene Schumpeter damals die Zukunft seines Faches ebenfalls in der Mathematik. Das ist aus heutiger Sicht umso erstaunlicher, als dass Schumpeter darin weder besondere Talente besaß, noch jemals seine bahnbrechenden und geschätzten Publikationen mathematisch konzipierte. Dennoch ermutigte er seine Studenten, in diesen methodologischen Ansatz stärker zu investieren. Obwohl man ihm dies charakterlich gutschreiben muss, waren seine Ermutigungen aus heutiger Sicht ein Fehler. Und sie sind auch in gewisser Weise unverständlich, da Schumpeter aufgrund seiner eigenen ökonomischen und soziologischen Analysen die begrenzten Möglichkeiten der Mathematik in seinem Fach hätte erkennen müssen. Aber vielleicht hielt er es für möglich, dass andere, die mehr von Mathematik verstanden als er

---

[36] John Cassidy: The Decline of Economics, in: The New Yorker, 2. Dezember 1996, S. 50 – 60. Zitiert in: Viktor Vanberg: Mathematikmanie und die Krise der Ökonomik, in: Schweizer Monatshefte, 84. Jahr, Heft 9/10, September/Oktober 2004, S. 21-24.

[37] Thomas Kuhn: The Structure of Sientific Revolutions, 1962.

selbst, neue Ansätze entdecken würden.[38]

Wie dem auch sei: Samuelson, der – wie bereits erwähnt – schon immer viel Spaß an mathematischen Spielereien hatte, nahm die Ermutigung seines berühmten Professors dankbar an. Schumpeter selbst bewegte sich hingegen weiterhin abseits des neoklassischen Paradigmas und dessen deterministischer Modelle. Man muss sogar sagen, dass er eigentlich einen geradezu gegenteiligen Ansatz vertrat.[39] Und auch wenn Schumpeter in seinem genialen Frühwerk „Theorie der wirtschaftlichen Entwicklung" Leon Walras' Gleichgewichtstheorie – wahrscheinlich aus kollegialem Respekt und verlangter Ehrerbietung – nicht per se als fruchtlos verdammte, basiert sein bahnbrechendes Werk auf der These, dass der Kapitalismus gar keine Gleichgewichte hervorbringe, sondern sich bestenfalls phasenweise in deren Richtung bewege. Stattdessen gewinne der Kapitalismus seine Kraft aus selbstproduzierten Ungleichgewichten, der sogenannten „schöpferischen Zerstörung"[40]. Sie bezeichnet die Verdrängung des Bestehenden durch neue überlegene Lösungen, die so genannte „Unternehmer" in den Wirtschaftskreislauf einführen. Heute spricht man gerne von „Disruption", was sich zwar moderner anhört, aber im Grunde nur alter Wein in neuen Schläuchen ist. In Form dieser diskontinuierlichen Störungen, die im wirtschaftlichen Wettbewerb selbst, also endogen, hervorgebracht werden, resultieren im extremen Fall der Basisinnovationen die 30 bis 50 Jahre langen konjunkturellen Wellen, die Kondratieff empirisch erforscht und nachgewiesen hatte. Zu ihnen gehören aus heutiger Perspektive Dampfmaschine, Eisenbahn, Elektrotechnik, Computer und Kommunikationstechnologien.[41] In Zukunft aller Voraussicht nach Robotik und Künstliche Intelligenz. Langfristiges Wirtschaftswachstum ist demnach weniger auf ein

---

[38] Zu Schumpeters biographischen Details siehe: Thomas K. McCraw: Joseph A. Schumpeter. Eine Biographie, 2008.

[39] So sieht es beispielsweise der Schumpeterianer Jochen Röpke. Komprimiert zu lesen ist das am besten in: Jochen Röpke und Olaf Stiller: Einführung zum Nachdruck der 1. Auflage; in Joseph Schumpeter: Theorie der wirtschaftlichen Entwicklung, Nachdruck der 1. Auflage von 1912, Berlin 2006. Insbesondere S. XXVII, das in der zweiten Auflage offensichtlich auf Druck etablierter Ökonomen gestrichen wurde.

[40] Der bekannte Terminus „Schöpferische Zerstörung" prägte Schumpeter erst in seinem späten und wohl erfolgreichsten Buch „Kapitalismus, Sozialismus und Demokratie", 1942.

[41] Nikolai D. Kondratieff: Die langen Wellen der Konjunktur. In: Archiv für Sozialwissenschaft und Sozialpolitik. Band 56, 1926, S. 573–609.
Joseph A. Schumpeter: Konjunkturzyklen. Eine theoretische, historische und statistische

quantitatives Mehr an Input, als vielmehr vor allem auf unternehmerisch herbeigeführte Veränderungen, sogenannte wirtschaftliche Innovationen, zurück zu führen.

Wer versucht, sich gegen den Prozess schöpferischer Zerstörung wegen dessen destruktiver Seite zur Wehr zu setzen, wird vielleicht kurzfristig darin erfolgreich sein. Auf Dauer wird man aber zielsicher scheitern. Letztendlich kommt einer Gesellschaft die Strategie der Abschottung und Bewahrung des Status quos teuer zu stehen, weil die resultierende Entwicklungsdiskrepanz zur Außenwelt wächst, bis der Spannungsdruck nicht mehr beherrschbar ist. In der Geschichte finden sich hierfür reichlich Beispiele. Zu den bekanntesten und auffälligsten gehört Mao Zedongs Abschottung Chinas. Und noch weit ausgeprägter war Japans Tokugawa-Staat, der sich von 1639 bis 1854 erstreckte und von einer absoluten Abschottungsdoktrin beherrscht war. Japan hat später seine Lehren daraus gezogen. Die japanischen Ökonomen des 20. Jahrhundert waren sogar gelehrige Anhänger von Schumpeters Entwicklungstheorie, auf deren Grundlage sie eine ausgeklügelte Industriepolitik entwarfen, die das Land schließlich zu einem der wohlständigsten Industrienationen der Welt machte.

Was für ganze Volkswirtschaften gilt, trifft ebenso auf den Wettbewerb zwischen Unternehmen zu: Defensivstrategien führen auf Dauer zum Niedergang. „Stillstand", so eine geflügelte Unternehmerweisheit, „bedeutet Rückschritt." Wer sich nicht weiterentwickelt, neue Produkte auf den Markt bringt, neue Technologien einsetzt, bewährte Managementmethoden übernimmt, die Unternehmenskultur an den gesellschaftlichen Wandel und das Angebot an Veränderungen der Bedürfnisse und Nachfrage anpasst, wird auf kurz oder lang im reißenden Fluss des Fortschritts untergehen.

Analyse des kapitalistischen Prozesses. Vandenhoeck & Ruprecht, Göttingen 1961.

Siehe hierzu auch: Erik Händeler: Kondratieffs Gedankenwelt; Die Chanchen im Wandel zur Wissensgesellschaft, 2011.

III. Evolutorische Dynamik statt statischer Maximierung

„Das soziale Geschehen ist eine einheitliche Erscheinung. Aus seinem gro-
ßen Strom hebt die ordnende Hand des Forschers die wirtschaftlichen Tat-
sachen gewaltsam heraus. Darin, daß man eine Tatsache als wirtschaftlich
bezeichnet, liegt schon eine Abstraktion, die erste von vielen, die uns die
technischen Notwendigkeiten der gedanklichen Nachbildung der Wirklich-
keit aufzwingen. Niemals ist eine Tatsache bis in die letzten Gründe aus-
schließlich oder „rein" wirtschaftlich, stets gibt es noch andere – und oft
wichtigere – Seiten daran." [42]

Joseph Schumpeter

Joseph Schumpeter schrieb diese Worte 1912 in der Einleitung seines ersten Kapitels aus seinem berühmten Werk „Theorie der wirtschaftlichen
Entwicklung". Die Absicht seiner Worte – so lassen die Folgesätze vermuten – bestand wohl darin, sich beim Leser für den hohen theoretischen Abstraktionsgrad, den die herrschende ökonomische Theorie mit der aufkommenden Neoklassik bekam und auf den er sich als Vertreter seiner Zunft
zunächst wohl einlassen musste, zu entschuldigen. Schumpeters Paradigma war von Beginn an eigentlich das Gegenteil des neoklassischen An-
satzes. Sein Credo bestand in der Überzeugung, dass wirtschaftliches
Wachstum und gesellschaftlicher Wohlstand im Wesentlichen einem permanenten strukturellen Wandel entspringen und mit den stationären
Gleichgewichtstheorien ebenso wenig wie mit dem Homo oeconomicus[43]
sowie der Modellannahme vollständiger Informiertheit erklärbar sind. Außerdem bewegte er sich aus gutem Grund auch auf benachbartem sozial-
wissenschaftlichem Terrain, wie der Soziologie, Politologie, Geschichte
und Psychologie.[44]

---

[42] Joseph Schumpeter: Theorie der wirtschaftlichen Entwicklung, Nachdruck der 1. Auflage
von 1912, Berlin 2006, S. 1.

[43] Schumpeter übte in seiner Entwicklungstheorie zwar keine explizite Kritik am Homo
oeconomicus, doch er spielte auch keine Rolle. Der Homo oeconomicus wäre gar nicht
vereinbar mit seiner Theorie, die sowohl den Faktor der Ungewissheit in den Mittelpunkt
wirtschaftlicher Handlungen setzt, als auch das Eingehen von Risiken unternehmerischen
Handelns nicht mit dem Rationalitätsmodell erklären kann. Siehe hierzu meine Analyse in:
Menschenbild, Moral und wirtschaftliche Entwicklung, 1998, S. 25ff.

[44] Schumpeter strich in der zweiten Auflage seiner Entwicklungstheorie ein ganzes Kapitel,

Die von Schumpeter aufgedeckte endogene Dynamik des Kapitalismus beruht nicht auf reiner ökonomischer Rationalität (Homo oeconomicus) und ist auch nicht aufgrund seiner inhärenten Ungewissheit mit mathematischen Formeln zu beschreiben. Sie nimmt stattdessen ihren Anfang stets in der Imagination und der subjektiven Überzeugung des jeweiligen Innovators („Unternehmer"). Schumpeter teilte wirtschaftliche Innovationen in fünf verschiedene Kategorien ein:[45]

1. Produktinnovation

2. Verfahrensinnovation

3. Die Erschließung eines neuen Absatzmarktes

4. Die Erschließung einer neuen Bezugsquelle von Rohstoffen oder

   Halbfabrikaten

5. Die Reorganisation einer Industrie

Innovationen sind entgegen landläufiger Meinung nicht mit Erfindungen oder reinen Ideen gleichzusetzen, auch wenn sie letztendlich auf solche zurückgehen und ihrer Natur nach kreativ sind. Mit einer Innovation ist aber nicht die Leistung eines markt- und weltfremden Tüftlers oder Denkers gemeint. Eine Innovation ist vielmehr ein sozialer Prozess, der auf die tatsächliche Anwendung und Verbreitung abstellt. So war es weder Charles Babbage noch Konrad Zuse, sondern Bill Gates, der mit der Verbreitung des PCs eine „Schöpferische Zerstörung" (Schumpeter) auslöste. Und auch der gefeierte Unternehmensführer von Apple, Steve Jobs, bediente sich im Grunde nur bereits vorhandener Technologien, die vor allem für Raumfahrt und Militär entwickelt wurden. Selbst die Ideen für die Entwicklung konkreter Produkte wurden etwa von Sciencefiction-Filmen wie Star Trek angeregt. Steve Jobs´ spezifische Leistung bestand in der Kon-

---

dessen Inhalt der damaligen etablierten Professorenschaft des Faches offensichtlich zu kritisch mit der gängigen Theorie umging. Darin begründete er ausführlich, „...warum die Ökonomie eine eigenständige, nicht dem theoretischen Mainstream der „Reinen Ökonomie" (Schumpeter) verpflichtete Theorie der wirtschaftlichen Entwicklung" benötigt." (Jochen Röpke und Olaf Stiller: Einführung zum Nachdruck der 1. Auflage; in Joseph Schumpeter: Theorie der wirtschaftlichen Entwicklung, Nachdruck der 1. Auflage von 1912, Berlin 2006).

[45] Joseph Schumpeter: Die Theorie wirtschaftlicher Entwicklung, (1911) 1987, S. 100f.

zeption dieser technologischen Errungenschaften für die alltägliche Nutzung und ihrer Vermarktung. Bei Daimlers Auto war es nicht viel anders. Es gab den Otto-Motor und einige andere ausgereifte Bestandteile, die man etwa dem Kutschenbau nachahmte. Heute sind es Persönlichkeiten wie Elon Musk oder Mark Zuckerberg, die aus bereits vorliegenden Technologien und Erfindungen marktfähige Produkte und Dienstleistung konstruieren und anbieten.

Innovation bezeichnet also die Neueinführung einer nützlichen, attraktiven Technologie oder eines Produktes, eines effizienteren Herstellungsverfahrens et cetera in einer Volkswirtschaft, Branche oder Organisation. Träger beziehungsweise Initiatoren dieser Prozesse nennt Schumpeter „Unternehmer". Sie sind die Protagonisten wirtschaftlicher Entwicklung, die allerhand „unternehmen", um bestimmte Neuerungen herbeizuführen und gegen alle anfänglichen Widerstände und Widrigkeiten durchzusetzen. Das beginnt mit der Suche nach Unterstützern, Geschäftspartnern und einem geeigneten Personal, führt über den Erwerb oder die Klärung von Handlungsrechten, den Bau oder Kauf von Betriebsstätten und Anlagen, Vertragsabschlüssen mit Lieferanten und Abnehmern und reicht bis zur Beschaffung des notwendigen Geldes auf dem Kapitalmarkt sowie dem Entwurf einer cleveren Vermarktungsstrategie. Über die endgültige Akzeptanz der Neuerung entscheidet aber ihre Bewährung auf den Märkten. Letzten Endes ist sie in einer liberalen Marktwirtschaft auf die Bewertung und Akzeptanz souveräner Konsumenten und Anwender angewiesen, was immer ungewiss ist.

Die spezifische Leistung eines dynamischen Unternehmers blieb in der Wirtschaftstheorie, insbesondere in der erstarkten Neoklassik, vor Schumpeters Kapitalismusanalyse weitgehend unbeachtet und spielt auch danach im beherrschenden neoklassischen Paradigma bis heute überhaupt keine Rolle. In den neoklassischen Modellen wird lediglich „technischer Fortschritt" als exogene Größe erwähnt, die mit dem eigentlichen wirtschaftlichen Geschehen nichts zu tun habe – eine Ignoranz Schumpeters glänzender Analyse. Mit dem modernen Buzzword „Disruption"[46] erhält Schumpeters Erklärungsmuster – wenn auch unter anderer Bezeichnung – zwar wieder ein Stück weit Einzug in die moderne wirtschaftstheoretische Dis-

---

[46] Siehe. a. den Abschnitt „Disruption" in Jens Bergmann: Business Bullshit, 2021.

kussion. Doch Schumpeters umfassender Erklärungsansatz ist unverzichtbar und bei einer tiefergehenden Analyse unvereinbar mit den Modellen der Mainstreamökonomik. Man muss sich daher nicht wundern, wenn Studierende diesbezüglich oft nur lernen, dass Innovationen wichtig sind, aber nicht verstehen, dass und warum es sich hierbei um einen schwierigen sozialen Prozess mit ungewissem Ausgang handelt.

Um die spezifische Leistung eines dynamischen Unternehmers greifbarer zu machen, stellt Schumpeter dem Führertypus „Unternehmer" die Figur eines gewöhnlichen Betriebsleiters gegenüber, den er „Wirt schlechtweg" nennt. Dieser hat in dessen Typologisierung die Funktion und Stellung eines Art Verwalters und marginalen Verbesserers des betrieblichen Ablaufs. Jener Managertyp passt in die statische Modellkonstruktion des neoklassischen Paradigmas. In ihrer starken Orientierung an der Neoklassik wird in den Grundmodellen der Mainstreamökonomik lediglich der „Wirt schlechtweg", ein effizienzorientierter Homo oeconomicus unterstellt. Für die Logik innovativen Unternehmertums ist in den meisten Hörsälen, in denen die Grundlagen wirtschaftlichen Denkens vermittelt werden sollen, indes bis dato kein Platz. Man unterschlägt damit ganz wesentliche Aspekte wirtschaftlicher und gesellschaftlicher Realität.

Der Unternehmer in Schumpeters Definitionen, sprich der Innovator, ist Initiator und Träger eines Veränderungsprozesses. Ungeachtet objektiver Risiken, die einen solchen Prozess stets begleiten, entscheidet sich der innovative Unternehmer für diesen schwierigen Weg, weil er vom Erfolg seines Projektes absolut überzeugt ist. Und er speist seine Durchsetzungskraft nicht zuletzt aus dieser Überzeugung. Ob er mit seiner Einschätzung tatsächlich richtigliegt, und ob er nicht an Widerständen scheitert, zeigt sich aber erst am Ende des realen Versuchs. Berechenbar wie etwa das Auftreten einer Sonnenfinsternis ist er nicht. Es können lediglich verschiedene Szenarien, die der Innovator und seine als wahrscheinlich einschätzt, den Möglichkeitsbereich des Erfolges eingrenzen. Unter dieser inhärenten Ungewissheit stehen auch die Kapitalgeber, die ja normalerweise nicht identisch mit den Unternehmern sind, vor einer schwierigen, risikoreichen Entscheidung, die sie aufgrund stets ungewisser und unbekannter Daten nicht auf der Basis zuverlässiger Berechnungen treffen können. Ein Innovationsversuch kann ebenso außergewöhnliche Erfolge wie bittere Misserfolge bringen. Auf der Metaebene erweist sich historisch gesehen diese kapitalistische Methode des Trial-and-Errors jedoch in ihrer Gesamtheit als gesellschaftlich rational, weil sie vorteilhaft für die wirtschaftliche Entwicklung und damit – in Verbindung mit sozialen Innovationen – den Wohlstand großer Bevölkerungsteile ist.

Die Unternehmerlogik, die nicht mit der Maximierungsdoktrin des Homo oeconomicus vereinbar ist, kann in den Modellen der Mainstreamökonomik nicht dargestellt werden. Immerhin hat die Betriebswirtschaftslehre Schumpeters Analyse insofern verinnerlicht, als dass sie die Bedeutung von Innovationen für den Unternehmenserfolg erkannt und in manchen Punkten ein paar Konsequenzen – bessere und schlechtere – daraus gezogen hat. Zu den naheliegenden, aber keinesfalls ausreichenden Empfehlungen gehört, dass ein Technologieunternehmen kontinuierlich in Forschung und Entwicklung (F&E) investieren sollte. Unzulänglich ist dieser Lehrsatz aber insofern, als dass er oft von zwei typischen Fehlannahmen begleitet wird:

Die erste besteht darin, dass es sich mehr oder weniger um die Annahme eines Determinismus zwischen Ausgaben für F&E und Innovationen handelt. Dem entsprechend rettet sich die Mainstreamökonomik wieder auf eine Scholle der neoklassischen Input-Output-Logik. Im Extremfall beschreibt man sogar eine Produktionsfunktion, anhand derer man das „optimale" Investitionsvolumen errechnen kann. Dieser Determinismus existiert jedoch nicht. Gerade Deutschland wurde in jüngerer Zeit oft dafür kritisiert, dass aus brauchbaren Forschungsergebnissen keine Innovationen folgten.

Die zweite Fehlannahme besteht entsprechend in der weit verbreiteten Gleichsetzung von Erfindung und Innovation. So ist – wie wir schon weiter oben sahen – eine Erfindung oder Entdeckung noch lange kein vermarktungsfähiges Produkt, etabliertes Verfahren, erschlossene Rohstoffquelle, neuer Absatzmarkt oder Reorganisation der Industrie. Und anders herum braucht es keinesfalls immer eine neue Erfindung oder Entdeckung, um innovativ erfolgreich zu sein. „Die Strategie der Innovation"[47], wie sie der Schumpeterianer Jochen Röpke nennt, ist facettenreich und komplex. Sie verlangt dem Management, das einen Neuerungsprozess zu „steuern" versucht, viel Überblick, Überzeugungskraft, Durchsetzungskraft und Gespür ab. Und nicht zuletzt muss sie den Glauben an die Berechenbarkeit des

---

[47] Jochen Röpke: Die Strategie der Innovation; Eine systemtheoretische Untersuchung der Interaktion von Individuum, Organisation und Markt im Neuerungsprozeß, Tübingen 1977.

Erfolges ablegen.

Zu den interessanten und wertvollen Konsequenzen, welche sich aus Schumpeters Definition des Unternehmers etabliert haben, gehört meiner Einschätzung nach die Rolle eines sogenannten Intrapreneurs (Binnenunternehmer). Demnach ist einerseits nicht jeder, der einen Betrieb führt, automatisch ein Schumpeterscher Unternehmer, sondern macht sich vielleicht nur als Verwalter („Wirt schlechtweg") vergangener unternehmerischer Leistungen verdient, was zwar auch eine Leistung ist, aber eben ganz anderer Art. Andererseits muss nicht jeder Unternehmer, in Schumpeters Sinne eines Innovators, zwangsläufig Geschäftsführer, Vorstandsvorsitzende oder Besitzer eines Unternehmens sein. Den Unternehmer definiert Schumpeter funktional und nicht institutional. Als „Intrapreneur", abgeleitet von dem im englischen Sprachgebrauch üblichen „Entrepreneur" (Unternehmer) wird eine Mitarbeiterin oder ein Mitarbeiter eines Unternehmens bezeichnet, die oder der ausgestattet mit Freiheiten in gewisser Eigenverantwortlichkeit, aber unter Duldung, Schutz oder gar Förderung der Unternehmensführung innerhalb der Organisation eine Innovation anregt und versucht, diese zugunsten des Unternehmens zum Erfolg zu führen. Der Intrapreneur steht somit vor ähnlichen Herausforderungen wie die eigenständige innovative Unternehmerin. Wenn auch in einzelnen Punkten erhebliche Unterschiede existieren, geht es in beiden Fällen um Eingriffe in eingefahrene Bahnen von Prozessen und Entscheidungswegen – letztendlich also um Veränderung gegen Beharrlichkeit und Widerstand gegen erhöhte Ungewissheit.

Die Unternehmerfunktion kann auch von einem ganzen, allerdings überschaubaren Team ausgehen. Ein schönes Beispiel bietet das Entwicklerteam des mp3-Audioformats am Fraunhofer-Institut für integrierte Schaltkreise IIS in Erlangen. Dieses Format hat den Musikkonsum weltweit revolutioniert. [48] Obgleich das Institut kein gewinnorientiertes Unternehmen ist, konnten zugunsten einer Stiftung Lizenzeinnahmen in dreistelliger Millionenhöhe generiert werden, die dem Aufbau von Patenten und Knowhow dienen sollen. Monetär stärker profitiert haben aber gewiss Technologieunternehmen, die das neue Format frühzeitig zur Vermarktung neuer Produkte genutzt haben – allen voran Apple mit dem I-Pot oder Spotify,

---

[48] Siehe hierzu etwa die übersichtliche Broschüre des Fraunhofer-Instituts: MP3: Forschung, Entwicklung und Vermarktung in Deutschland.

Deezer und Amazon. Deutschen Unternehmen und Kapitalgebern schien damals das Geschäft hingegen zu risikoreich und wenig erfolgversprechend. Ein gutes Beispiel für die Beschränktheit und Fehlbarkeit von reinen Rentabilitätsrechnungen aufgrund vorhandener Daten.

Eine Innovation – genauer der Versuch einer Innovation – ist immer in besonderer Weise von Ungewissheit geprägt, weil naturgemäß für eine Neuerung wenig bis gar keine Erfahrungswerte, die man eins zu eins übertragen könnte, vorliegen. Außerdem rufen Innovationsversuche stets soziale Widerstände hervor, weil sie zum Teil erhebliche strukturelle, wirtschaftliche und gesellschaftliche Veränderungen mit sich bringen. Sie bedrohen nicht selten den beruflichen und sozialen Status der Etablierten sowie die Macht und das Vermögen vereinzelter einflussreicher Persönlichkeiten. Weil solche Veränderungen die Sprengkraft besitzen, das soziale Gefüge durcheinander zu bringen, werden sie von einem Großteil der Gesellschaft erst einmal per se als moralisch fragwürdig angesehen. Dieser Umstand spielt den etablierten Bewahrern in die Hände. Und es manifestiert sich typischerweise ein breiter Widerstand gegen einschneidende Veränderungsversuche. Sogar Mitbürger, die selbst gar nicht negativ von der Innovation betroffen wären, erklären sich aus Empathie gegenüber denjenigen, die ihren Job verlieren, sowie aus der Angst, sie könnten das nächste Opfer sein, mit den direkt Betroffenen solidarisch und verstärken den Widerstand.

Dieser gesellschaftliche Widerstand gegen strukturelle Veränderungen kann die wirtschaftliche Entwicklung mitunter stark behindern. Ich nenne dieses Phänomen – in Anlehnung an Mancur Olsons „institutionelle Sklerose"[49] – „moralische Sklerose"[50]. Beide Perspektiven, die der Innovationsgewinner ebenso wie die der Verlierer, sind prinzipiell nachvollziehbar. Die Situation bleibt daher aus übergeordneter Sicht eine ethische Zwickmühle. Sollte man Partei für die Opfer der Innovationen ergreifen und damit die wirtschaftliche Entwicklung ausbremsen? Oder denkt man an die neuen Möglichkeiten, die eine bessere und breitere Versorgung sowie soziale Mobilität mittel- und langfristig mit sich bringen? Gewiss ergeben sich hier auf volkswirtschaftlicher Ebene Aufgaben für eine begleitende

---

[49] Mancur Olson: Aufstieg und Niedergang von Nationen, 2. Durchgesehene Auflage, Tübingen 1991. S.103.

[50] Vergleiche hierzu Stefan Kaletsch: „Menschenbild, Moral und wirtschaftliche Entwicklung" (1998), S. 160.

Sozialpolitik, die den Verlierern zumindest eine Chance zur Anpassung und Umorientierung geben. Und auch auf Unternehmensebene stellen sich Herausforderungen an das Management, um Motivation, Teamgeist und Loyalität gegenüber der Belegschaft nicht zu beschädigen und vertretbare Einigungen mit Gewerkschaften herbeizuführen. Man denke etwa an die Umstellung der Automobilindustrie von Verbrennungsmotoren auf Elektromotoren.

Wie dem auch sei: Im Rückspiegel einer erfolgreichen Innovation scheint sich immer alles geschmeidig und geradezu zwangsläufig entwickelt zu haben. Die ursprüngliche Ungewissheit und die damit einhergehenden Hürden weichen im Erfolgsfall Anpassungen sowie positiven Erfahrungen und geraten schließlich nach Etablierung der Innovation meist vollkommen in Vergessenheit. Das verschleiert die innewohnende Problematik von Innovationsprozessen und täuscht gleichermaßen über die spezifische Leistung der Innovatoren hinweg. Wer kann sich heute noch vorstellen, warum maschinelle Webstühle, der Bau der Eisenbahn, die Einführung von PKWs oder der Einsatz von Computern oder Handys anfangs von vielen Seiten als etwas eingestuft wurde, das keine Chance habe, überflüssige Fantasterei oder Teufelswerk sei, das ignoriert werden könne oder gar boykottiert werden müsse. Andererseits darf aus den zahlreichen historischen Fehleinschätzungen auch nicht der Schluss gezogen werden, dass jede „Vision" oder „Fantasie" eine förderungswürdige ist. Auch das wäre eine krasse Fehleinschätzung. Eine Gesellschaft, Unternehmung, Organisation ist zu Entscheidungen unter Ungewissheit verdammt. Denn auch Entscheidungen gegen Investitionen in innovative Projekte bergen, wie wir sehen konnten, ebenso Risiken, obgleich sie oft zu spät als solche erkannt werden. Von den vielen gescheiterten Innovationsversuchen wiederum erfährt man wenig bis nichts. Ein gut funktionierender Kapitalmarkt regelt im Allgemeinen die Selektion für einen Trial-and-Error-Prozess, der in seiner Gesamtheit unter dem Strich wirtschaftlichen Fortschritt hervorbringt. Ein schlecht funktionierender, mitunter sogar wettbewerbsbeschränkender Kapitalmarkt richtet hingegen erheblichen Schaden an, weil er die Vielfalt der Versuche einschränkt. Und der Eingriff des Staates, etwa durch selektive Subventionen oder Bürgschaften, verringert zwar das privatwirtschaftliche Risiko, erhöht aber das gesellschaftliche, da auch der Staat unter Ungewissheit entscheidet und die Vielfalt des Wettbewerbs konterkariert. Ein gutes Beispiel hierfür bietet die massive Förderung der Atomkraft.

Man darf bei alledem nicht vergessen, dass auch erfolgreiche Innovationen, die sich mit der Zeit als noch so nützlich für die Allgemeinheit erweisen, Teile der Gesellschaft immer auch einen Schaden davontragen. Die Geschichte der Innovationen ist hier voller Beispiele. So waren die neuen, produktiveren industriellen Webfabriken, die den Kapitalisten gehörten, natürlich genauso existenzbedrohend für die Weber des 18. Jahrhunderts und deren Familien, wie die motorisierten Beförderungsfahrzeuge für die Kutscher oder der Buchdruck und später die PCs für Schreibkräfte und viele andere Berufe. In jüngerer Zeit waren und sind es beispielsweise die Kumpel im Bergbau, die unter der Verbreitung Erneuerbarer Energien leiden. Oder Menschen, die mit allzu mechanistischer Arbeit ihren Lebensunterhalt verdienten, bevor sie durch Maschinen, Roboter und mittlerweile sogar Künstliche Intelligenz (KI) effizienzsteigernd ersetzt werden. Der Prozess der Automatisierung, Digitalisierung und Roboterisierung ist noch längst nicht beendet. Er hat gerade erst begonnen. Ihm werden in Zukunft vermutlich noch einige Berufe zum Opfer fallen. Und dieses Mal gehören nicht nur wissensextensive Tätigkeiten dazu, wie das in vergangenen industriellen Revolutionen und Kondratieff-Zyklen noch der Fall war. Auch einige akademische Dienstleistungen – von Juristen über Steuerberater bis hin zu Chirurgen und anderen bildungsintensiven Berufen, die bislang einen sozialen Aufstieg und gewissen materiellen Vermögensaufbau ermöglichten – könnten in Zukunft weit weniger verbreitet und lukrativ sein. Der Anreiz, sie durch KI zu ersetzen, ist in geistigen Routinetätigkeiten besonders hoch, weil dort die Gehälter, die sich einsparen lassen, besonders hoch sind.

In Schumpeters Theorie der wirtschaftlichen Entwicklung, durch die im Gegensatz zur neoklassischen Wachstumstheorie endogenes wirtschaftliches Wachstum erklärt wird, hat Mathematik – wie wir sahen – wenig zu bieten. Doch die Grenzen der Mathematik gestand sich selbst Schumpeter seltsamerweise erst sehr spät ein. Leider konnte diese späte Einsicht den Siegeszug des mathematischen „Modellplatonismus"[51] ebenso wenig stoppen wie die späte Einsicht Samuelsons, dass sein Fach unter seiner methodischen Führung hierin das Maß überzogen hat. Samuelson begann seine

---

[51] Der Begriff „Modellplatonismus" stammt vom kritischen Rationalisten Hans Albert: Modelplatonismus. Der neoklassische Stil des ökonomischen Denkens in kritischer Beleuchtung, in: ders. (Hg), Sozialwissenschaft und Gesellschaftsgestaltung. Festschrift für Gerhard Weisser, Berlin 1963, S. 45 – 76.

berufliche Karriere mit der Überzeugung, man könne viel von der Physik lernen, und hielt daran Jahrzehnte lang mit großem Lehrerfolg fest. Doch warnte der betagte Samuelson schließlich im Zusammenhang mit der Finanzkrise 2008, welche auch die hoch mathematisierte Wirtschaftstheorie nicht im Geringsten vorausgesehen hatte, davor, aus „Physikneid" die Formalisierung seines Faches auf die Spitze zu treiben: „Die ökonomischen Probleme sollen uns vorgeben, mit welcher Mathematik wir uns beschäftigen – nicht umgekehrt."[52]

Eine interdisziplinäre Befruchtung durch die (mechanistische) Physik und der mit ihr eng verbundenen mathematischen Methodik birgt die große Gefahr, letzten Endes in eine formalistische, abstrakte und unrealistische Modellwelt abzudriften. Was im Fachbereich der Physik in den letzten Jahrhunderten hervorragende Erkenntnisse brachte, dient im Fachbereich der Wirtschafts- und Sozialwissenschaften im Wesentlichen nur zur Herstellung einer wirtschaftlichen Idealwelt, die als Referenzmodell ökonomischer Vernunft dienen soll. Aber sie erklärt die sozialen Phänomene nur sehr lückenhaft und unzureichend, ja häufig führt sie sogar in die Irre. Während die physikalischen Modelle in ihrem Fachgebiet eine hervorragende praktische Anwendbarkeit besitzen, fehlt den Modellen der Mainstreamökonomik genau dieser Erfolg. Und das hat seinen guten Grund, der von der Fachwelt nicht länger ignoriert werden sollte.

Für ein besseres Gesamtverständnis der wirtschaftlichen und gesellschaftlichen Welt ist ein inhaltlich interdisziplinärer Ansatz sozialwissenschaftlicher Disziplinen nicht nur hilfreich, sondern sogar notwendig – ein Bekenntnis, das beispielsweise dem traditionsreichen Publikationsprogramm „Die Einheit der Sozialwissenschaften" des Mohr-Verlags, der einige der hier erwähnten Autoren verlegte, zugrunde liegt. Dabei gibt es durchaus auch eine fruchtbare Schnittstelle zu den Naturwissenschaften, doch weniger mit der Physik, der Wissenschaft von den ewigen Kräften toter Gegenstände, als vielmehr mit der Biologie, der Wissenschaft von lebendigen Systemen und deren Anpassungs- und Entwicklungskräften. Und einige, zum Teil herausragende Ökonomen haben das auch längst erkannt. Bereits 1898 war diese Botschaft in dem berühmten Aufsatz „Why is Economics Not an Evolutionary Science?" des bekannten amerikanischen Ökonomen

---

[52] Elke Pickartz: Paul Samuelson; Der Bestseller der Volkswirtschaft, 11. Dezember 2011 in: Wirtschaftswoche.

und Soziologen Thorsten Veblen zu lesen.[53] Und selbst Alfred Marshall, der paradoxerweise ein Wegbereiter der mathematischen Neoklassik war, schrieb in der Einleitung seiner „Principles of Economics", das „Mekka des Ökonomen liegt in der ökonomischen Biologie."[54] Umso erstaunlicher ist es, dass die Geschichte der ökonomischen Analyse – abgesehen vom Werk Schumpeters und einiger anderer rühmlicher Ausnahmen, die im Curriculum des Fachbereichs bestenfalls eine Außenseiterrolle spielen – eine ganz andere Richtung genommen hat.

Biologische, speziell evolutionsbiologische Modelle sind sehr aufschluss-reich für die Wirtschaftstheorie und ihre Implikationen. Die marktwirt-schaftliche Theorie folgt sogar derselben Logik wie Darwins Evolutions-theorie, die ja ebenfalls keinem zielgerichteten Determinismus unterliegt. Der Bezug zu Darwin sollte jedoch nicht irrtümlicher Weise mit dem an-tikapitalistischen Kampfbegriff „Sozialdarwinismus" in Zusammenhang gebracht werden, in dessen Zentrum eine Gesellschaftskritik am „Recht des Stärksten" steht. Erstens heißt und meint Darwins Naturgesetz „Survi-val of the Fittest" nicht das Überleben des „Stärksten" – einer immer noch weit verbreiteten Fehlinterpretation oder jedenfalls einem Übersetzungs-fehler –, sondern das Überleben der (am besten) „Angepassten" an beste-hende und sich verändernde Umweltbedingungen, wobei es nur in speziel-len Fällen auf eine konkurrierende Stärke ankommt. Andernfalls wäre die ungeheure biologische Vielfalt ja auch gar nicht zu erklären, sondern würde in letzter Konsequenz mit dem Sieg der stärksten Art enden, die dann freilich in Ermangelung der Nahrung ebenfalls das Zeitliche segnen würde. Und so gilt ebenso in der Biologie wie auch in der marktwirtschaft-lichen Theorie: Wer eine Nische im systemischen Verbund entdeckt und besetzt, sowie sich verändernden Bedingungen anpassen kann, erwirbt hö-here Überlebenschancen oder hat – ganz allgemein gesprochen – nachhal-tigen Erfolg. Er dient auf diese Weise nicht nur den eigenen Interessen, sondern – sogar ohne es zu wollen, „wie von unsichtbarer Hand gelenkt" (Adam Smith) – gleichzeitig auch anderen, indem er ein Teil eines funkti-onierenden ökologischen, beziehungsweise ökonomischen Systems ist.

---

[53] Thorstein Veblen: Why is Economics not an Evolutionary Science?, in: The Quarterly Journal of Economics, Volume 12, Issue 4, July 1898, S. 373–397.

[54] Alfred Marshall: Principles of Economics, 1920. Zitiert bei Viktor Vanberg: Mathema-tikmanie und die Krise der Ökonomik, in: Schweizer Monatshefte, 84. Jahr. Heft 9/10, Sep-tember/Oktober 2004, S. 21-24.

Die Analogie von Adam Smiths marktwirtschaftlicher Theorie und Charles Darwins Evolutionstheorie ist offensichtlich und keinesfalls an den Haaren herbeigezogen. Sie besitzt nicht nur einen logischen, sondern auch einen historischen Hintergrund. 2012 hielt Matt Ridley am Adam-Smith-Institute einen Vortrag mit dem Titel „Adam Darwin: Emergent Order in Biology and Economics".[55] Ridley zeigte Darwins Berührungspunkte mit Smiths Theorie während dessen Zeit in Edinburgh und Cambridge auf. Und auch auf Darwins berühmter Überseereise an Bord der Beagle machte er sich bereits einige Notizen zur Analogie zwischen der Vielfalt des brasilianischen Regenwaldes und der Smithschen Logik der Arbeitsteilung. Hier zeigt sich abermals, dass ökonomische Fragestellungen weit besser zum biologischen Forschungsprogramm, der Lehre von lebendigen Systemen, passen als zum physikalischen, verstanden als die Lehre von den unveränderbaren Kräften toter Gegenstände. Und auch Darwin, der wohl in Wissenschaftskreisen unbestritten zu den größten (Natur-)Wissenschaftlern aller Zeiten zählt, kam ohne eine einzige mathematische Formel aus, was zeigt, dass Wissenschaftlichkeit nicht zwangsläufig und überall mit Mathematik verbunden sein muss.

Es ist wohl ebenso wenig ein Zufall, dass in der evolutorischen Gedankenwelt des Wirtschaftsnobelpreisträgers Friedrich August von Hayek biologische Erkenntnisse adaptiert wurden. Hayeks Vater war Arzt und Professor für Botanik. Der Sohn Friedrich interessierte sich ebenfalls für Botanik und nicht zuletzt für die Evolutionsbiologie. Besonders deutlich wird das in seinen Publikationen „Theorie komplexer Systeme" und „Drei Quellen menschlicher Werte".[56] Und aus dieser Perspektive stammt vermutlich auch folgende, satirische Bemerkung Hayeks, welche sich in Abgrenzung zur Mainstreamökonomik auf die schlechte Prognostizierbarkeit innerhalb komplexer Systeme der belebten Welt bezieht:

„Kein Ökonom war jemals darin erfolgreich, Waren auf der Basis von wissenschaftlich prognostizierten Zukunftspreisen zu kaufen oder zu ver-

---

[55] Matt Ridley: What Charles Darwin owes Adam Smith; auf: www.learnliberty.org.

[56] Friedrich A. von Hayek: The Theory of Complex Phenomena; in: M. Bunge (Hrsg.), The Critical Approach. Essays in Honor of Karl Popper, New York 1963.
Friedrich A. Hayek: Die drei Quellen menschlicher Werte, Tübingen 1979.

kaufen (obgleich einige wenigstens darin erfolgreich waren, solche Prognosen zu verkaufen). "[57]

Und noch ein bemerkenswerter Erkenntnisfortschritt, der an der Mainstreamökonomik spurlos vorbeiging, sei an dieser Stelle genannt. In den 1980er Jahren gewannen die beiden Biologen Humberto R. Maturana und Francisco J. Varela interdisziplinär weltweit große Aufmerksamkeit. In ihrem einflussreichen Buch „Der Baum der Erkenntnis"[58] brachten die beiden Forscher auf der Grundlage der Systemtheorie biologische mit sozialen Prozesse in Verbindung. Sie beruhten nach deren Ansicht auf denselben Prinzipien. Mit ihrem revolutionären Ansatz erweiterten sie Darwins Bild von der „natürlichen Auslese", also dem Überlebenskampf von Lebewesen, durch die Vorstellung und den Begriff des „natürlichen Driftens".[59] So gehe es in diesem Verständnis der Evolution nicht um ein reines, sklavisches Anpassen an eine objektive Umwelt. Vielmehr hätten alle lebenden Systeme, zu denen eben auch der Mensch, seine Organisationen und ganze Gesellschaften gehören, die Freiheit, sich ihre Welt selbst zu gestalten. Obwohl dies zunächst nach einer sehr konstruktivistischen Position klingt, verstehen sich Maturana und Varela nicht als Konstruktivisten, sondern versuchen anhand des Modells der Autopoiese beide Extrempositionen – also Anpassungsprozesse an eine Außenwelt sowie Schöpfungsprozesse einer subjektiven Welt – zusammenzuführen. Im Detail eröffnet sich ein ebenso komplexes wie fruchtbares Forschungsfeld, das zur Kernthematik von Schumpeter passt.

Für unsere Zwecke soll der kurze Verweis auf den spannenden Ansatz der Biologen Maturana und Varela ausreichen. Die wenigen Worte lassen bereits die Analogien von sozialen und marktwirtschaftlichen Prozessen erkennen. Der evolutionstheoretische Ansatz der Autoren bietet ganz offensichtlich weit mehr Potenzial für die Erklärung wirtschaftlicher Dynamik, die auf permanenten Schöpfungs- und Anpassungsprozessen beruht, als die

---

[57] Friedrich A. v. Hayek: Studies in Philosophy, Politics and Economics; London and Henley 1967, S. 35. Siehe auch Karl-Heinz Brodbeck (2000): Die fragwürdigen Grundlagen der Ökonomie; Eine philosophische Kritik der modernen Wirtschaftswissenschaften, 6. Aufl. 2013, S. 101.

[58] Maturana, Humberto R. / Varela, Francisco J.: Der Baum der Erkenntnis, Bern München, 1984.

[59] Das Konzept der Autopoiese kann hier nicht angemessen erklärt werden, da es in seiner Komplexität zu viel Platz in Anspruch nehmen würde.

statischen, stationären Gleichgewichtsmodelle der Neoklassik, welche leider immer noch zu den maßgeblichen Grundlagen wirtschaftswissenschaftlicher Ausbildung gehören. Nicht nur Gesellschaften oder Volkswirtschaften, sondern auch Unternehmen oder Organisationen jeglicher Art, als einen sich anpassenden und neue Möglichkeiten erschaffenden Organismus zu verstehen, bietet einen viel realistischeren und produktiveren Ansatz. Er eröffnet nicht nur einen ganz anderen Blick auf die Erforschung gesellschaftlicher Realität, sondern ebenso auf ein zeitgemäßes Management, insbesondere eine moderne Personalführung, die Ungewissheit berücksichtigt und Anpassungsfähigkeit als wichtigen Erfolgsfaktor erkennt.

Zu guter Letzt sei explizit darauf verwiesen, dass auch Schumpeters Theorie wirtschaftlicher Entwicklung auf dieser Evolutionslogik fußt, weshalb ihm auch in der sogenannten Evolutionsökonomik eine wichtige Rolle zukommt. Mit Begriffen wie „industrielle Mutation" spielt er sogar sehr konkret auf Darwins Theorie an. Und mit seinem berühmten Terminus der „schöpferischen Zerstörung" [60] verweist er auf ein System, das sich nicht nur im Sinne Adam Smiths über einen funktionierenden Preismechanismus selbst reguliert, sondern immer wieder neue Formen und Elemente hervorbringt. Mutation und Selektion sind somit endogene wirtschaftliche Entwicklungsmotoren.

---

[60] Schumpeter, Joseph: Kapitalismus, Sozialismus und Demokratie (1942), Tübingen 1987, S.137f.

IV. Die Unzulänglichkeiten des Homo oeconomicus

Jeder Mensch besitzt ein Menschenbild. Jeder hat sowohl ein Selbstbild als auch notwendigerweise irgendeine Vorstellung davon, wie sich andere Menschen typischerweise verhalten und was man von ihnen erwarten kann. Meist schließt man von sich auf andere, was allerdings keine zielsichere Methode ist. Zwar ist sich nicht jeder seines persönlichen Menschenbildes bewusst, sondern trägt es vielleicht nur im Unterbewusstsein mit sich herum. Doch ob wir uns dessen bewusst sind oder nicht: wir besitzen alle ein konstruiertes Menschenbild, das beeinflusst ist durch ein Gemisch aus Erziehung, Kultur, persönlicher Erfahrungen und emotionaler Empfindungen. Dass diese impliziten oder expliziten Menschenbilder erhebliche Unterschiede aufweisen können und oft auch in sich nicht widerspruchsfrei sind, erleben wir tagtäglich bei kontroversen Auseinandersetzungen, Talkshows, politischen Debatten, Stammtischen und interkulturellen Konflikten. Nicht selten bleiben kontroverse Diskussionen allein schon deshalb fruchtlos, weil die Gesprächspartner nicht dieselben Menschenbilder besitzen, sich dieser Tatsache vielleicht nicht einmal bewusst sind oder sich diesbezüglich gegenseitig jeglichen Realitätssinn absprechen. Der eine gilt als unverbesserlicher Idealist, der andere als hoffnungsloser Misanthrop, der dritte als naiv, zu optimistisch oder aber zu pessimistisch.

Auch Sozialwissenschaftler müssen ihre Theorien zwangsläufig auf ein Menschenbild gründen. Und erhebt man den Anspruch, die Welt, in der wir leben und wirtschaften, ansatzweise zu verstehen und sogar zu erklären, dann sollte dieses Menschenbild möglichst realistisch sein und weder einem Wunsch- noch einem Alptraum entspringen. Vermögen die Annahmen über Eigenschaften und Verhaltensweisen des Menschen auch in ihrer notwendigerweise verallgemeinernden und schon deshalb vereinfachenden Formulierung nicht jeder Persönlichkeit vollends gerecht zu werden, so sollten sie doch weitgehend empirisch nachvollziehbar sein. Die philosophische Diskussion über das Wesen des Menschen ist uralt. Und sie wird besonders intensiv seit der Aufklärung geführt. Man denke nur an die Arbeiten von Thomas Hobbes, John Locke, David Hume, Adam Smith, Immanuel Kant, Jean-Jacques Rousseau oder später Arthur Schopenhauer, Charles Darwin, Sigmund Freud, Max Weber oder Talcott Parsons – um nur einige der bedeutendsten Denker der jüngeren sozialphilosophischen Geschichte zu nennen. Es sollte Forschern sozialer Phänomene also um erklärende, sogenannten „positiven Theorien" gehen. Nur auf der Basis eines möglichst realistischen Handlungsmodells können in Verbindung weiterführender Theorien soziale Phänomene erklärt und im besten Fall auf deren Grundlage auch gute Entscheidungsempfehlungen gegeben werden. So ist jede Sozialtheorie und Sozialphilosophie vorab auf eine Vorstellung vom Wesen des Menschen (Menschenbild) angewiesen, bevor man über die Auswirkungen von gesellschaftlichen Institutionen systematisch nachdenken kann. Nur so lässt sich in wissenschaftlicher Weise von wirtschaftlichen, politischen oder sozialen Maßnahmen auf deren Wirkung schließen.

Nicht nur in alltäglichen Auseinandersetzungen, die jenseits wissenschaftlicher Prinzipien ablaufen, sind unterschiedliche Menschenbilder eine tiefsitzende Ursache divergierender Einschätzungen und Empfehlungen. Genau aus diesem Grund müssen sie in Wissenschaften, die sich mit menschlichen Handlungen beschäftigen, von den Autoren offengelegt und kritisch geprüft werden. In den Sozialwissenschaften kreisen die Differenzen von Menschenbildern vor allem um Annahmen über Rationalität, Eigennutz, Egoismus und selten auch um Emotionalität, Lern- und Entwicklungsfähigkeit sowie interpersonelle Unterschiede in kognitiven und charakterlichen Eigenschaften. Das neoklassische Menschenbild Homo oeconomicus, welches sich auf Rationalität und Egoismus beschränkt, dominiert in den Wirtschaftswissenschaften alle möglichen alternativen Handlungstheorien bei Weitem und gilt für das Curriculum der Mainstreamökonomik als konstitutiv.

Der im Elfenbeinturm der Universitäten des späten 19. Jahrhunderts entstandene Homo oeconomicus wird bis heute dem akademischen Nachwuchs als beste Modellannäherung der menschlichen Natur vermittelt. Zumindest was den Bereich wirtschaftlicher Aktivitäten angeht, erscheint das auf den ersten Blick durchaus plausibel. Geht es hier nicht knallhart um Geld und Gewinne? Doch obwohl man diesem Argument etwas abgewinnen und genügend Beispiele hierfür anführen kann, vergisst man, dass selbst der Kapitalismus nur auf der Grundlage einer gehörigen Portion von Vertrauen, sowohl auf den Märkten als auch in den Unternehmen, effizient funktionieren kann. Dieser Aspekt hängt aus einem weiteren Grund mit dem hartnäckigen Festhalten am Homo oeconomicus zusammen. Auf der Grundlage eindeutiger Verhaltensdispositionen lassen sich hervorragend mathematisch berechenbare Optimierungsmodelle konstruieren.

In den Grundmodellen der Wirtschaftswissenschaften[61] – zumindest in deren primitivsten, allerdings sehr weit verbreiteten Lehrversionen – wird darüber hinaus angenommen, dass der Homo oeconomicus stets über alle entscheidungsrelevanten Informationen verfügt. Ohne diese zusätzliche Prämisse bekäme die Rationalität des Homo oeconomicus massive Risse, weil echte Entscheidungen ihrer Natur nach immer unter Ungewissheit stattfinden. Ansonsten könnten sie ebenso gut von Automaten getroffen werden. Unter Ungewissheit können Entscheidungen prinzipiell zwar unter Zuhilfenahme der verfügbaren Daten zwar rational sein, obgleich sie diese erfahrungsgemäß oft nicht sind. Doch bedeutet das nicht, dass sie im Nachhinein richtig, im Sinne der Zielführung waren, da ihr Ergebnis auch von anderen unbekannten oder falsch eingeschätzten Faktoren in der Berechnung abhängt. Der Homo oeconomicus ist somit nicht mehr als ein Automat. Die Ausblendung der im echten Leben unvermeidbaren Ungewissheiten hat erhebliche Konsequenzen auf eine Handlungsstrategie und das allgemeine Verhalten – im Privaten wie im Geschäftlichen. Insbesondere bleiben hierdurch kognitive Einschränkungen unvollständige Informiertheit als auch ethische, moralische und emotionale Faktoren unberücksichtigt. Dem Betrachter wird in diesen Modellen eine Welt vorgegaukelt, die es nicht gibt. Vertrauen, innere Überzeugungen, Wertschätzung, intrinsische Motivation, Empathie, Gewissen, Zuverlässigkeit und Ähnliches – Phänomene, die unser Leben permanent begleiten und für eine Gesellschaft unverzichtbar sind.

Der Homo oeconomicus mit all seinen Konstruktionsfehlern wird häufig dem offiziellen Begründer der ökonomischen Klassik, Adam Smith, zugeschrieben. Das ist jedoch sowohl theoriegeschichtlich als auch inhaltlich falsch. Erstens ist der Begriff erst bei John Stewart Mill in seinen „Essays on some unsettled Questions of Political Economy" aus dem Jahr 1844[62]

---

[61] Obwohl auch die Betriebswirtschaftslehre eine eigenständige Disziplin ist, greift sie in ihren Grundlagen häufig auf dieselben Verhaltensmodelle zurück wie die Volkswirtschaftslehre. Vor Einführung des Bachelor-Master-Systems besaßen beide wirtschaftswissenschaftlichen Varianten im Diplom-Studium dasselbe viersemestrige Grundstudium. Und selbst in der Diplomprüfung kam man am jeweils anderen Fach nicht gänzlich vorbei. Auch heute werden im Bachelor/Master-Studium Grundlagen aus der jeweiligen Schwesterdisziplin verlangt. Doch sowohl im Menschenbild als auch in der starken Fixierung auf quantitative Faktoren sowie der Ausrichtung auf das formale Ziel der „Gewinn- bzw. Wachstumsmaximierung" lassen sich in weiten Bereichen ohnehin keine nennenswerten Unterschiede zwischen BWL und VWL erkennen.

[62] Siehe hierzu auch Friedrich A. von Hayek: Die Verfassung der Freiheit, Tübingen

zu lesen, also mehr als ein halbes Jahrhundert nach Smiths Tod. Vilfredo Pareto, der unter den Gelehrten meist als Urheber bezeichnet wird, benutzte den lateinischen Terminus sogar noch viel später, 1906, in seinen „Manuale d'economia politica", was mit dem Aufkommen und dem Siegeszug der Neoklassik vermutlich zu seiner großen Verbreitung beitrug. Zweitens war Smiths Menschenbild nachweislich weit vielschichtiger. Davon kann man sich in seinem Frühwerk überzeugen. Smith, der sich keinesfalls nur mit reiner Ökonomie beschäftigte, sondern wie sein Freund David Hume zu den wichtigsten Vertretern der „schottischen Moralphilosophie" zählt, vertrat in seinem ersten Hauptwerk „Theorie der ethischen Gefühle" (The theory of moral sentiments)[63] Verhaltensthesen, die sehr modern klingen, insbesondere deshalb, weil sie die emotionalen Phänomene Empathie („Sympathy") sowie eine innere moralische Instanz und deren Bedeutung für Entscheidungen und das menschliche Zusammenleben thematisieren. Die moderne Diskussion beispielsweise um ein sogenanntes „Spiegelneuron", das die typische (angeborene) Eigenschaft von Menschen, sich in ihr Gegenüber hineinzuversetzen, verbildlichen soll, deckt sich in der Grundaussage und ihren Implikationen bereits mit Smiths Analyse.

Erst die Neoklassik, die zwar in ihrer Namensgebung Bezug auf die Klassik und damit deren Hauptvertreter Smith nimmt, hat also die psychologischen Thesen des jungen Smith vollkommen von dessen Spätwerk „Wohlstand der Nationen" abgespalten und damit dessen ökonomischen Analysen teils eine unheilvolle Deutung verliehen. Vermutlich würde sich Smith im Grabe umdrehen, erführe er, welche Botschaften unter seinem Namen verbreitet werden. Der Wirtschaftsnobelpreisträger des Jahres 1998, der US-Amerikaner Amartya Sen, formulierte bereits 1977 eine Kritik am Verhaltensmodell der ökonomischen Theorie, in der er von „rationalen Dummköpfen sprach.[64] Auch gut 30 Jahre später schrieb Sen anlässlich der Finanzkrise von 2008 einen ebenso allgemeinverständlichen wie überzeugenden Artikel, den sich vor allem lehrende Ökonomen zu Herzen nehmen sollten. Dort weist er unter anderem darauf hin, dass die vermeintlich kapitalistischen Systeme in ihren erfolgreichen Tagen auch von Institutionen

---

1971/1991, S.77.

[63] Adam Smith: The theory of moral sentiments, Erstausgabe 1759.

[64] Amartya Sen: Rationale Dummköpfe. Eine Kritik der Verhaltensgrundlage der Ökonomischen Theorie, 2020. Erstmalige Veröffentlichung in englischer Sprache 1977.

abhingen, „die beileibe nicht nur nach den Prinzipien der Gewinnmaximierung funktionierten". [65] Häufig werde übersehen, „dass Smith weder den
nackten Marktmechanismus als eigenständigen Erfolgsmesser nahm, noch
das Gewinnmotiv als einzige Notwendigkeit bezeichnete."

Spätestens in der völligen Zuspitzung auf das Handlungsmotiv „Gewinnmaximierung", offenbaren die Wirtschaftswissenschaften ihren Irrweg.
Doch gerade dieser These ist bis heute das Glaubensbekenntnis der
Mainstreamökonomik. Auf die logische Inkonsistenz der Doktrin von der
Gewinnmaximierung habe ich bereits in der Einleitung hingewiesen. Sie
ist nur schlüssig innerhalb eines theoretischen Szenarios, das alle Einflussfaktoren und deren Interdependenzen qualitativ wie quantitativ als bekannt
voraussetzt, sowie der zeitliche Rahmen klar und eindeutig begrenzt ist,
was in der Realität beliebig definiert wird. Doch im wirklichen Leben treffen diese Bedingungen so gut wie nie zu. Ein definierter Zeitrahmen, kann
zwar künstlich, etwa zu pragmatischen Zwecken der Besteuerung und der
Dokumentation für Anleger, mit jährlichen Gewinn-Verlust-Rechnungen
festgelegt werden, spiegelt aber niemals die gesamte Lebensdauer eines
Unternehmens wider. Um ein echtes „Maximum" anzustreben, müsste sich
ein solches auf die gesamte Lebensdauer eines Unternehmens beziehen.
Die Lebensdauer kennt man ex ante wiederum nicht und kann folglich
seine Entscheidungen nicht danach ausrichten. Sie hängt zudem wiederum
von der Qualität und der Ausrichtung des Managements ab.

Die Daten, die zur Berechnung und Verfolgung eines solchen Maximums
notwendig wären, sind somit schlicht nicht verfügbar und werden es auch
niemals sein können. Sich von Jahr zu Jahr oder gar von Quartal zu Quartal
auf eine Strategie der „Gewinnmaximierung" zu versteifen, ist aus übergeordneter Sicht somit wirtschaftlich irrational, selbst wenn man alle notwendigen Daten für kurze überschaubare Zeiträume zur Verfügung hätte. Irrational schon allein deswegen, weil anhand des Dogmas kurzfristiger Gewinnmaximierung langfristig angelegte Investitionen zwangsläufig auf der
Strecke blieben, Innovationen keinen Spielraum erhielten sowie Kunden,
Mitarbeiterinnen und Lieferanten durch übertriebene gewinnsteigernde
Einsparmaßnahmen verärgert und verloren werden könnten. Je stärker sich
Manager tatsächlich an einer Gewinnmaximierung orientieren, desto mehr
drohen sie auf kurz oder lang zu scheitern. Dass einige unter ihnen dennoch

---

[65] Amartya Sen: Adam Smith wäre schockiert, in: Financial Times vom 21.03.2009.

das Ziel haben mittel- und langfristig Gewinne zu generieren, steht außer Frage. Doch je mehr sie durch die Zwänge des Kapitalmarktes in kurzfristige Kalkulation eingebunden sind, desto stärker gefährden sie den nachhaltigen Erfolg.

Die Doktrin von der Gewinnmaximierung und mit ihr der gesamte Homo oeconomicus ist von Beginn an irreführend und erweist sich für einige zentrale Fragestellungen der Wirtschaftswissenschaft als unbrauchbar und sogar schädlich. Doch anstatt von diesen unfruchtbaren mathematischen Maximierungsspielereien abzulassen und wieder einen Schritt in Richtung des fruchtbareren Ursprungsprogramm zu gehen, ging die Neoklassik, und in ihrer Gefolgschaft die gesamte Mainstreamökonomik, noch einen Schritt weiter, indem sie ihre extreme These über das Handlungsmotiv sogar auf alle Lebensbereiche ausbreitete. Zu diesem Zweck tauschte man den Gewinn- gegen einen allgemeiner gehaltenen Nutzenbegriff aus, der aus vielerlei Inhalten bestehen kann: Gewinn, Umsatz, Lohn, Freizeit, Beliebtheit, Macht, Anerkennung, Gesundheit und vieles mehr. Abgesehen von der Maximierungsproblematik, die auch im Konzept der Nutzenmaximierung bestehen bleibt, erweitert diese Modifikation zwar die schmale These von der Gewinnmaximierung, indem sie einige empirisch beobachtbare Handlungen, die das reine Gewinnmotiv nicht zu erfassen mochte, erklärt. Doch dieser Weg eröffnete zugleich eine inflationäre Interpretationsentwicklung, an deren Ende wenig bis gar keine Erklärungskraft übrigblieb, weil man geradezu jedes Motiv ad hoc unterstellen kann.

Die Hartliner unter den neoklassischen Vertretern dieser erweiterten These der „Nutzenmaximierung" definieren Nutzen als sogar als rein subjektive Größe. Damit wollen sie der liberalen ökonomischen Denktradition der Anbieter- und Konsumentensouveränität Rechnung tragen, wonach nur der Nutzer selbst beurteilen kann, welchen Nutzen ihm ein Gut oder Dienstleistung bringt, was sich letztlich ausschließlich in seiner Erwartungs- oder Zahlungsbereitschaft[66] ausdrückt. Auf diese Weise glauben sie irrtümlicherweise nicht nur absolut jede Handlung erklären zu können. Stattdessen

---

[66] Die Zahlungsbereitschaft zu ermitteln, ist in vielen Fällen aber auch nur auf Spekulation angewiesen. Wenn man bereit ist, den Angebotspreis eines Gutes zu akzeptieren, heißt das schließlich noch lange nicht, dass man nicht auch einen höheren Preis noch akzeptiert hätte, weil man subjektiv dem gut einen höheren Nutzen zuweist. Auch bei freien Aushandeln lässt sich nicht zweifelsfrei ermitteln, ob der potenzielle Käufer nur blufft, wenn er seine Zahlungsbereitschaft begrenzt.

immunisiert dieses Konzept die These gegen jede Kritik, da es keine Möglichkeit gibt, sie theoretisch zu widerlegen. Doch Thesen, die nicht widerlegbar sind, können – zumindest nach den überzeugenden Argumenten von Karl Poppers Falsifikationismus – keinen wissenschaftlichen Erkenntnisfortschritt generieren. Unter Nutzen kann man schließlich nicht nur eine überschaubare und gut definierte Gruppe von Zielen verstehen, sondern geradezu alles. So kann Nutzen zum Beispiel gleichermaßen finanzieller Reichtum wie befreiende Besitzlosigkeit, Müßiggang ebenso wie Erfüllung durch Arbeit, Erkenntnisgewinn genauso wie Ahnungslosigkeit, ein reines Gewissen dasselbe wie Nervenkitzel und Schadenfreude oder eine gesunde Ernährung dasselbe wie Drogenkonsum bedeuten. Alles kann als jeweiliges individuelles Handlungsmotiv herangezogen werden – je nachdem, welche Vorlieben man dem einzelnen Akteur unterstellt. Mit der inhaltlichen Beliebigkeit subjektiv empfundenen Nutzens lässt sich somit formal sogar Altruismus in das Konzept integrieren, sodass altruistische Handlungen, so die Argumentation, nur scheinbar selbstlos sind. Da der Akteur mit einer altruistischen Tat offenbar eine innere Befriedigung und damit einen subjektiven Nutzen verbinde, handele er doch letzten Endes aus demselben Motiv wie ein Egoist und maximiere auf diese Weise seinen (subjektiven) individuellen Nutzen. Der Altruist ist demnach nicht mehr als eine Variante des Homo oeconomicus. Eine solche Nivellierung erklärt jedoch scheinbar alles. Doch in Wirklichkeit lässt sie jede Interpretation zu. Schließlich kann fortan jeder Entscheidung und jedem Verhalten das Motiv subjektiver Nutzenmaximierung einfach unterstellt werden, was immer es auch sein mag. Die These subjektiver Nutzenmaximierung führt zu unfruchtbaren Zirkelschlüssen.

Mit der Ausweitung des Nutzenmaximierungskonzepts hat es schließlich der Ökonom der Chicago School of Economics, Gary Becker, bereits in den 1970er Jahren auf die Spitze getrieben. Becker erhielt 1992 den Nobelpreis für Wirtschaftswissenschaften „für seine Ausdehnung der mikroökonomischen Theorie auf einen weiten Bereich menschlichen Verhaltens und menschlicher Zusammenarbeit".[67] Selbst Freundschaft oder Ehe erklärte Becker mit der Kategorie Nutzenmaximierung. Bleiben wir kurz bei diesen anschaulichen Beispielen. Es steht wohl außer Frage, dass Freund-

---

[67] Gary Beckers Hauptwerk lautet: Eine ökonomische Erklärung menschlichen Verhaltens, 1976.

schaften und selbst Ehen – jedenfalls zu Beginn – mit gegenseitiger Nut-
zenstiftung verbunden sind. Eine Binsenweisheit, andernfalls würde man
sie zumindest freiwillig wohl nicht eingehen. Und doch weiß jeder, dass
Freundschaften und andere Bündnisse fürs Leben keine solchen wären,
wenn man sie jederzeit (einseitig) aufkündigen würde, sobald einer von
beiden in der Jahres- oder Quartalsbilanz keinen Nettonutzen mehr daraus
erfährt, oder konkurrierende potenzielle Bündnisse kurzfristig mehr versprechen. Der Wert solcher Bündnisse besteht schließlich nicht nur in kurzfristigen Kooperationsgewinnen, sondern gerade darin, selbst dann noch
Verbündete an seiner Seite zu wissen, wenn das Kosten-Nutzenverhältnis
(zwischenzeitlich) nicht mehr in der Balance gehalten werden kann und die
Kooperationsgewinne einseitig wegfallen. Ob eine Freundschaft tatsächlich diese Bezeichnung verdient, stellt sich deshalb oft erst dann heraus,
wenn es durch einseitige Not zu einer solchen Schieflage kommt.

Sieht man einmal von rechtlichen Institutionen ab, die beispielsweise das
Ehebündnis verbindlich regeln, und konzentriert sich auf informelle Bündnisse – wie etwa Partnerschaften oder Freundschaften –, so wird schnell
klar, dass es hier einer menschlichen Charaktereigenschaft bedarf, die auch
bei Abwesenheit äußerer Zwänge für Zuverlässigkeit sorgt. Für alle
menschlichen Vertrauensbeziehungen dieser Art ausgeklügelte, rechtlich
verbindliche Verträge abzuschließen und sie mit Konventionalstrafen bei
Verletzung zu belegen, wäre nicht nur eine recht traurige Vision, sondern
würde die sogenannten Transaktionskosten[68], die damit unweigerlich in
Verbindung stünden, derartig in die Höhe treiben, dass das gesamte
Rechtssystem und mit ihm die gesellschaftliche Ordnung unter der großen
Last zusammenbräche. Da ist, nebenbei bemerkt, die Vision von Thomas
Morus (Thomas More)[69] in seinem 1516 erschienenen legendären Buch
„Utopia", in dem ein gerechter Staat unter anderem ganz ohne Anwälte
auskommt, eine weitaus schönere Vorstellung.

Wie dem auch sei. Würde der Mensch grundsätzlich so opportunistisch wie

---

[68] Als Transaktionskosten bezeichnet man seit den Werken des Nobelpreisträgers Ronald
Coase solche Kosten, die für die Anbahnung Durchführung und Kontrolle von Transaktionen anfallen. In den einfachen Modellen der Mainstreamökonomik werden die nicht berücksichtigt, da man etwa in den mathematischen Marktmodellen von den institutionellen
Rahmenbedingungen abstrahiert.
[69] Thomas Morus: Utopia, (1516) 1992.

ein Homo oeconomicus denken und handeln, würde so etwas wie Freundschaft genauso wenig existieren wie zahlreiche transaktionskostenarme Aktivitäten in unserem Wirtschaftsleben, welche Effizienz und Wohlstand fördern. Wir verlassen uns tagtäglich auf die Integrität eines Geschäftspartners, Kunden oder Händlers. Dass es in all diesen Bereichen auch regelmäßig zu Betrügereien kommt, ist nicht zu leugnen, aber kein Beweis gegen die grundsätzliche Bedeutung und empirische Wirkung moralischer Kräfte. Im Gegenteil. So können Betrüger nur dort so erfolgreich sein, wo sie auf ein Grundvertrauen stoßen, das sie schamlos ausnutzen können. Man wird sich erst dann in vollem Umfang über die Faktoren Vertrauen und Moral bewusst, wenn man sie gänzlich wegdenkt. In einer vollständig opportunistischen Homo-oeconomicus-Gesellschaft ohne jegliche Empathie, Vertrauen und Moral, würden uns nicht nur so manche Lebensfreuden fehlen, sondern es wären auch jegliche Geschäfte stets mit sehr hohen Transaktionskosten verbunden, was deren Wirtschaftlichkeit enorm verringerte und manche sogar unrealisierbar machten.

Man sollte sich zu guter Letzt darüber bewusst sein, dass der Homo oeconomicus nicht nur in wissenschaftlicher Hinsicht unbefriedigend ist, sondern allgemein auch einen negativen Einfluss auf viele Management- und Organisationskulturen hat – so jedenfalls die These der vorliegenden Abhandlung. Der Homo oeconomicus wird unglücklicherweise oft als eine für das Funktionieren des Systems erforderliche normative Haltung verstanden. Demnach müsse man in unserer Wirtschafts- und Gesellschaftsordnung immer auch egoistisch und rücksichtslos handeln, um systemgerecht und erfolgreich zu sein. Das sei „normal" und bedürfe keiner moralischen Verwässerung. Doch so sehr man dieser Einschätzung aufgrund vieler empirischer Belege sowie persönlicher Erfahrungen und Enttäuschungen auch spontan zustimmen mag, blendet die neoklassische Brille wichtige Aspekte des Zusammenlebens und -arbeitens aus und fördert dadurch erst solche Entscheidungen und Handlungen, die in die utopische Welt des Homo oeconomicus passen. Hier meine ich, das Muster einer „Sich-selbsterfüllenden-Prophezeiung" erkennen zu können. Je mehr Akteure sich am Menschenbild Homo oeconomicus orientieren, desto mehr wird ihre Haltung bestätigt und eine ihr entsprechende Kultur gefestigt. Eine Art „Filterblase", wie man es im zeitgemäßen Jargon bezeichnen könnte. Ihr liegt die Tatsache zugrunde, dass in den vergangenen Jahrzehnten der wirtschaftsakademische Nachwuchs in gewaltiger Zahl von der neoklassischen

Modellwelt beeinflusst wurde. Dabei hätte die Entwicklung – wie wir sahen – unter einem anderen Paradigma auch ganz anders verlaufen können.

Diese These ist kein Hirngespinst eines übereifrigen Humanisten. Ich habe es persönlich häufiger erlebt, dass Studierende unter dem Einfluss typischer mainstreamökonomischer Veranstaltungen glaubten, den Homo oeconomicus als Vorbild für das echte Leben adaptieren zu müssen. Und ich fühlte mich in meinen persönlichen Erfahrungen bestätigt, als ich 2011 im Handelsblatt den Gastkommentar einer renommierten Wirtschaftswissenschaftlerin der TU München, Ann-Kristin Achleitner, las.[70] Dort forderte die in der Wirtschaft gut vernetzte Professorin, dass die Hochschullehrer, besonders die Dozenten an den Business-Schools, ihre Lehre kritisch hinterfragen müssten. Der Ausbildung läge seit Jahrzehnten „ein opportunistisches Menschenbild zugrunde, das die junge Generation geprägt und unter Umständen verformt hat". Achleitner stellte die berechtigte Frage, ob wir tatsächlich mit dieser Ausbildung Menschen heranziehen wollten, die lediglich ihren eigenen Nutzen optimieren und potenzielle Schädigungen anderer in Kauf nehmen.

Eine ähnliche Kritik formulierte 2022 Dodo zu Knyphausen-Aufseß, Management-Professor an der Technischen Universität Berlin. In einem Interview mit der Wochenzeitschrift WirtschaftsWoche[71] warnte er vor der Dominanz der Mathematik und den Folgen der individuellen Nutzenmaximierungsdoktrin, die dann auch im Berufsleben das Verhalten dominieren werde. Im Kern der gängigen Ausbildung stehe das „Konzept der Anreize", wohinter die Überzeugung stecke, dass man alle Menschen dazu bewegen könne, etwas Bestimmtes zu tun, wenn man ihnen nur die richtige Wurst vor die Nase hängt. Doch diese Überzeugung ist – wie wir später noch genauer betrachten werden – eine sehr enge und in Bezug auf die anthropologische Forschung überholte Vorstellung. Das gilt umso mehr, wenn man die „Wurst" als Geld interpretiert, wozu Manager neigen.

Es gibt keine statistischen Erhebungen über die tatsächlichen gesellschaftlichen Auswirkungen der Modellwelt des Homo oeconomicus. Hierüber eine wirklich aussagekräftige empirische Studie zu erstellen, dürfte auch

---

[70] Ann-Kristin Achleitner: Eine Generation wurde verformt, in: Handelsblatt vom Mittwoch, 12. Oktober 2011, Nr. 197, S. 64.

[71] Jan Guldner: „Dann haben wir ihren Charakter verdorben", Interview mit Dodo zu Knyphausen-Aufseß, in: WirtschaftsWoche v. 8.2.2022.

sehr schwierig, wenn nicht gar unmöglich sein. Es bleibt daher zugegebenermaßen spekulativ, ob eine – wie Achleitner und ich vermuten – vielleicht sogar schon mehrere Generationen „verformt" wurden. Doch erscheint mir die These plausibel und nachvollziehbar. Man sollte sie nicht leichtfertig von der Hand weisen. Selbst wenn die Mehrheit der Studenten, so ist zu hoffen, nicht gänzlich von der mainstreamökonomischen Modellwelt vereinnahmt werden, und gewiss auch fortschrittliche Professorinnen wie Ann-Katrin Achleitner in (Hochschul-) Amt und Würden stehen, so liegt es nahe, dass das Weltbild vieler AbsolventInnen, die über Jahre mit diesem überzogenen rationalistischen, egoistischen Menschenbild und den daraus folgenden Implikationen konfrontiert waren, sehr einseitig beeinflusst wurde. Und gerade in der Managementwelt, in die viele unter ihnen entlassen werden, fällt diese Saat auf fruchtbaren Boden. Dort pflegt man schließlich vielerorts noch immer das Bild vom starken, selbstherrlichen und „cleveren" Mann, der den „Gutmenschen" und Gutgläubigen überlegen ist. Und auch in der Politik hat das neoklassische Menschenbild seine Spuren hinterlassen. Das ist nicht verwunderlich, wenn man sich vergegenwärtigt, dass im deutschen Bundestag laut Bijan Kaffenberger über 100 der 700 Abgeordneten ein wirtschaftswissenschaftliches Studium absolviert haben.[72]

---

[72] Bijan Kaffenberger: Was machen Politiker eigentlich beruflich?, 2019.

V.   Ein realistisches Menschenbild

Es gibt Alternativen zum Homo oeconomicus, und zwar ohne sich in weltfremden oder esoterischen Utopien zu verlieren. Das sozialwissenschaftli-
che Ziel bleibt, menschliche Handlungen möglichst gut und mit überschaubaren Ansätzen verstehen und erklären zu können. Ich habe in meinem
Buch „Menschenbild, Moral und wirtschaftliche Entwicklung"[73] versucht,
menschliche Handlungen ebenfalls auf ökonomische Kategorien zurückzuführen, allerdings ohne die inhärente Ungewissheit der Zukunft, die
emotionalen Eigenschaften des Menschen sowie die empirische Bedeutung
von Moral auszublenden. Dazu habe ich jenseits der neoklassischen Nut-
zenmaximierungsthese eine einfache vermögenstheoretische Heuristik
entworfen, die meiner Einschätzung nach der Gattung Mensch weitgehend
gerecht wird und die erklärt, warum wir nicht nur rationale, sondern auch
emotionale und moralische Wesen sind. Die daraus resultierende Heuristik
lautet, dass Menschen naturgemäß angehalten sind, für ihr Überleben ein
Vermögensportfolio aufzubauen, das aus folgenden drei Bestandteilen besteht:

* materielles Vermögen (Vorräte, Geld, Immobilien, Aktien usw.).
* Humanvermögen (Bildung, Gesundheit, Fitness, Charakter, soziale Kompetenz, sexuelle Attraktivität usw.).
* Soziales Beziehungsvermögen (Familie, Freundschaften, Einbin-
  dung in Solidargemeinschaften)

Mit einem Portfolio aus diesen drei Kategorien, das im günstigsten Fall
eine ausgewogene Diversifizierung besitzt, lässt sich das Leben am besten
absichert und erfüllt damit das wichtigsten Grundbedürfnisse des Menschen. Die Kategorie „Soziales Beziehungsvermögen" wurde und wird in
den Wirtschaftswissenschaften bis heute überhaupt nicht betrachtet. Lediglich in der Soziologie gibt es wage Ansätze hierzu. Hier ist insbesondere
der französische Soziologe Pierre Bourdieu zu nennen, der von „sozialem
Kapital" sprach, womit er ansatzweise diesen Bereich meinte.[74] Ich habe

---

[73] Vergleiche hierzu Stefan Kaletsch: „Menschenbild, Moral und wirtschaftliche Entwicklung" (1998), S. 68 ff.

[74] Pierre Bourdieu: „Ökonomisches Kapital, kulturelles Kapital, soziales Kapital", in: Reinhard Kreckel: Soziale Ungleichheiten, Göttingen 1983, S. 183-198.

die dritte Kategorie meiner Heuristik „soziales Beziehungsvermögen" genannt, weil ich damit ganz konkret die Möglichkeiten eines Menschen bezeichne, die sich ihm auf der Grundlage von belastbaren Vertrauensbeziehungen, die ein wertvolles Vermögen eigener Art sind, eröffnen. Dahinter verbergen sich zunächst vor allem familiäre Bande sowie Freundeskreise, Solidar- und Schicksalsgemeinschaften. Sie spielen ebenso im geschäftlichen Bereich eine große Rolle, wo ein Bedürfnis nach Zuverlässigkeit latent vorhanden ist, in der Theorie aber sträflich vernachlässigt wird. Vertrauensbeziehungen besitzen für sich genommen einen hohen ideellen Wert. Aber sie basieren letztendlich auf ihrer wechselseitigen Nützlichkeit – direkt oder indirekt –, auch weil sie beim Aufbau der beiden anderen Vermögenskategorien, materiellem Vermögen und Humanvermögen, notwendig sind. [75] Jedoch gilt das weder zwangsläufig noch generell, was eine Berechenbarkeit des Nutzens verhindert. Der Zusammenhang zwischen Familie und Erziehung, Vitamin B und Erwerbseinkommen oder freundschaftliche Unterstützung bei privaten Projekten und Notlagen sowie Nachbarschaftshilfe beim Hausbau gehören zu den offensichtlichsten Beispielen in diesem Zusammenhang. Doch es gibt darüber hinaus noch viele weiter. Obwohl diese Heuristik individuell unterschiedliche Talente, Vorlieben und Defizite zulässt, den freien Entscheidungswillen des Individuums weder leugnet noch überbewertet sowie im Kern die generelle Ungewissheit der Zukunft berücksichtigt, definiert sie dennoch eine klare Richtung des grundlegenden menschlichen Handlungsmotivs. Es zerfällt nicht in Beliebigkeit und versteift sich gleichzeitig weder auf Egoismus noch auf Selbstlosigkeit, sondern begnügt sich mit der Annahme auf die „Erweiterung des Handlungspotenzials"[76], sprich es Gesamtvermögens im hier gemeinten weiten Sinn, abzuzielen, um sich damit gegen die Gefahren und Turbulenzen der realen Welt zu rüsten.

Der Einfluss, den das Menschenbild Homo oeconomicus schließlich im

---

[75] Jede Vermögenskategorie kann eingesetzt werden, um eine der jeweils anderen zwei weiter aufzubauen. Hier wäre etwa zu nennen der Einsatz materiellen Vermögens zur Finanzierung eines Studiums, Medikaments, Zahnimplantats oder Ähnlichem zum Aufbau oder Erhalt von Humanvermögen. Oder der Einsatz von Humanvermögen zur Generierung von Einkommen und dem Aufbau von materiellem Vermögen. Ebenso wird nicht selten soziales Beziehungsvermögen (Vitamin B) für die Gelegenheit genutzt, durch den Einsatz seines Humanvermögens (Arbeit) materielles Vermögen aufzubauen (Immobilie, Aktien).

[76] Vergleiche hierzu Stefan Kaletsch: „Menschenbild, Moral und wirtschaftliche Entwicklung" (1998), S. 68 ff.

Laufe des 20. Jahrhunderts sogar sowohl auf Teile der Psychologie als auch der Soziologie nahm, ist ebenso bemerkens- wie bedauernswert. Ein umfassenderes Verständnis menschlichen Handelns und der daraus entstehenden wirtschaftlichen und gesellschaftlichen Prozesse kann nicht auf der Grundlage vollkommen rationaler, vollständig informierter und rein egoistischer Individuen gewonnen werden. Mit der Erkenntnis, dass Menschen trotz ihrer unbestrittenen Vernunftbegabung nur eingeschränkt objektiv rational sind und darüber hinaus noch andere herausragende Eigenschaften besitzen, wurde seit den 1990er Jahren in der psychologischen Fakultät mit der „Psychologie der Emotionen"[77] eine Renaissance der emotionalen Faktoren eingeleitet, die unter anderem auf Charles Darwins Analysen über die Phylogenese (Stammesentwicklung) und Ontogenese (Individualentwicklung) menschlicher Grundemotionen aufbaut.[78] Im Gegensatz zum Menschenbild der Mainstreamökonomik ist der Mensch ebenso emotional wie rational – zwei Eigenschaften, die sich im Laufe der menschlichen Entwicklungsgeschichte parallel und nicht gegenläufig herausgebildet haben. Dies zeichnen Entwicklungspsychologen anhand der entstehenden Grundemotionen im Laufe der ersten beiden Lebensjahre des Menschen auf. Sie entwickeln sich ontogenetisch in der Reihenfolge ihres phylogenetischen Auftretens, wobei die selbstbewerteten Grundemotionen – Scham, Schuld und Stolz – am Ende des emotionalen Entwicklungsprozesses liegen.

Die Mainstreamökonomik glaubt, auf die Welt der Emotionen gänzlich verzichten zu können, vielleicht auch verzichten zu müssen, weil sie nicht in mathematische Formeln zu bringen ist. Immerhin gehört die sogenannte „emotionale Intelligenz", ein synthetischer Begriff, der unter Einfluss der wissenschaftlich wiederentdeckten Emotionen entstanden ist, mittlerweile zwar zum Standardvokabular im realen Wirtschaftsleben, wobei damit nur bestimmte Aspekte im Umgang mit Kollegen und Kunden gemeint sind. Doch die Mainstreamökonomik hat in ihren Lehrprogrammen und den Hauptsträngen ihrer theoretischen Forschung auch davon nichts reflektiert und adaptiert. Sie interpretiert stattdessen nach wie vor das Begriffspaar Rationalität und Emotionalität als Synonym für Rationalität und Irrationalität. Die Mainstreamökonomik sieht aufgrund ihres Menschenbilds Homo

---

[77] Siehe hierzu Klaus R. Scherer: Theorie der Emotionen, Göttingen-Toronto-Zürich, 1990.

[78] Ich habe mich seinerzeit in meinem Buch „Menschenbild, Moral und wirtschaftliche Entwicklung" (1998) bereits mit der Rolle der Emotionen im Handlungsprozess (S.91-122) auseinandergesetzt.

oeconomicus Emotionen – sofern diese überhaupt eine Erwähnung erfahren – bestenfalls als einen unerwünschten Störfaktor rationaler Prozesse. Emotionen sind in ihrer Gesamtheit hingegen überaus nützlich, was nicht heißt, dass sie sich im Einzelfall auch als Störfaktor vernünftiger Einzelentscheidungen herausstellen können, da sie ihrer Natur nach nicht beliebig an- und abschaltbar sind. Emotionen dienen aber genau deshalb im zwischenmenschlichen Umgang der Prüfung von Zuverlässigkeit menschlicher Allianzen und dem Aufbau wertvoller Vertrauensbeziehungen, die dem von mir so identifizierten und benannten „sozialen Beziehungsvermögen" dienen. Das geschieht im Wesentlichen durch die selbstbewertende Grundemotionen Schuld und Scham, welche sehr schwer kontrollierbare Reaktionen in Mimik, Gestik oder dem vegetativen Nervensystem auslösen, die Gesprächspartner und Beobachter intuitiv oder mit geübtem Blick in Bruchteilen von Sekunden auswerten. Andererseits können insbesondere durch die Grundemotionen Zorn/Wut sowie auch der selbstbewertenden Emotion Stolz von Vorteil bei Auseinandersetzungen sein – nicht zuletzt für den eigentlich Schwächeren.

Dass Emotionen eine weit größere und positive Bedeutung besitzen, steht in psychologischen, biologischen und neurowissenschaftlichen Gebieten längst außer Frage. Das beginnt spätestens mit Darwins Analysen und reicht bis zu modernen Studien mithilfe leistungsstarker Medizintechnologie. So haben Hirnforscher mittlerweile sogar bestätigt, wie emotionale und rationale Prozesse durch die Beteiligung verschiedener Hirnareale miteinander verbunden sind, und Handlungs- und Entscheidungsprozesse immer auch unter Beteiligung von Emotionen stattfinden. Unter der Fragestellung, was Menschen zu sozialen und sogar uneigennützigen Handlungen antreibt, wies bereits Adam Smith in seiner Theorie der ethischen Gefühle auf den Faktor „Mitgefühl" (Sympathy) hin. Seine Theorie fand durch neurologische Forschungsergebnisse eine klare Bestätigung. So hat der Neurophysiologe Giacomo Rizzolatti bereits 1992 erstmals bei Makaken spezielle Nervenzellen entdeckt, die man seither „Spiegelneuronen" nennt. Er bemerkte, dass bestimmte Neuronen im Großhirn nicht nur bei eigenen Handlungen aktiv werden, sondern auch schon bei der Beobachtung eines Gegenübers. 2010 konnten die Spiegelneuronen schließlich auch im menschlichen Gehirn dingfest gemacht werden.[79]

Die grundsätzlich latent vorhandene menschliche Eigenschaft, sich auch in die Lage des anderen hinein zu versetzen, dadurch das Interesse und die Gefühle des Gegenübers besser zu verstehen, mitzuleiden und sich mitzufreuen, ist darüber hinaus ein enormer Vorteil für das soziale Zusammenleben. Der Mensch ist ein soziales Wesen, das seine persönlichen Potenziale größtenteils als kooperatives Mitglied einer Gemeinschaft entwickelt und darin zum Einsatz bringt. Noch einfacher gesagt: Menschen innerhalb einer definierten Gemeinschaft brauchen einander und müssen sich daher – wenigstens selektiv – aufeinander ein- und verlassen können. Vor diesem Hintergrund gewinnen charakterliche Eigenschaften wie Treue, Loyalität, Ehrlichkeit und Opferbereitschaft eine große Bedeutung. Reiner Opportunismus, der per definitionem die Handlungen des Homo oeconomicus bestimmt, kann zwar Zuverlässigkeit vortäuschen, wird aber in der realen Welt meist durch gute Menschenkenntnis oder durch ein auf Dauer inkonsistentes Verhalten des Opportunisten entlarvt. Zuverlässigkeit sowie die Fähigkeit, ebenso zuverlässige Mitmenschen mit hoher Treffsicherheit zu erkennen, waren in archaischen Gemeinschaften existenziell und sind es grundsätzlich auch heute noch. Dasselbe gilt für institutionell instabile Gesellschaften. Erst stabile Institutionen, wie sie etwa in modernen demokratischen Rechtsstaaten vorherrschen, stützen die allgemeine Zuverlässigkeit des sozialen Umfeldes und können daher auch in großen Gruppen, ja sogar in anonymen Großgesellschaften das notwendige Vertrauen in ein stabiles, einschätzbares Verhalten von Mitmenschen hervorbringen. Ein anschauliches Beispiel hierfür ist der Straßenverkehr. Hier hält sich die absolut überwiegende Mehrheit relativ genau an die Regeln und ermöglicht mit der daraus resultierenden gegenseitigen Rücksichtnahme eine insgesamt hohe und weitgehend sichere Mobilität. Der Faktor Zuverlässigkeit und Loyalität verliert aber im Mikrokosmos eines Rechtsstaats deshalb nicht an Bedeutung.

Es gibt also gute, plausible Ansätze für ein Menschenbild, das sich nicht auf die extremen, übernatürlichen und misanthropischen Eigenschaften des Homo oeconomicus versteift und dennoch nicht in Sozialromantik und

---

[79] Giacomo Rizzolatti und Corrado Sinigaglia: Empathie und Spiegelneurone: Die biologische Basis des Mitgefühls, 2006.

Wunschträume verfällt. Meiner Erfahrung nach leugnen Mainstreamökonomen auch nicht, dass der reale Mensch sich in vielen Situationen des
Lebens anders verhält als der Homo oeconomicus. Doch hat das offenbar
bislang nicht ausgereicht, sich vom neoklassischen Ansatz zu lösen und ein
fruchtbareres Curriculum für die wirtschaftswissenschaftliche Grundaus-
bildung zu entwerfen. Man beruft sich in der Verteidigung dieser Beharrlichkeit erstens gerne darauf, die Realität gar nicht erklären, sondern nur
aufzeigen zu wollen, was aus „rein ökonomischer" Sicht das Sinnvollste
sei.[80] Ich habe hierzu oben bereits mein Unverständnis geäußert, weil das
in einen unfruchtbaren Modellplatonismus – wie ihn Albert nannte – hin-
einführt. Zweitens taucht häufig auch jenseits akademischer Diskussionen
das Argument auf, in der wirtschaftlichen Welt würden andere Regeln gelten als im privaten Umfeld. Obwohl ich das gar nicht leugnen will, heißt
das nicht, dass in der Wirtschaft eine Doktrin des Sozialdarwinismus vor-
herrscht. Die Gleichsetzung von Kapitalismus mit einem Spiel der freien
Kräfte geht trotz aller berechtigter Kritik an der Wirklichkeit vorbei. Weder ist der Kapitalismus westlicher Prägung ein Kapitalismus in Reinform,
worauf bereits Schumpeter in Bezug auf die USA aufmerksam machte.
Noch ist unser marktwirtschaftlich-kapitalistisches System aufgrund der
verbreiteten Anti-Trust-Gesetze ein ordnungspolitischer Freiraum, in dem
nur noch das Gesetz des Stärkeren gilt. Und schließlich entspricht diese
Einordnung weder dem Entwurf einer wohlstandsfördernden Marktwirtschaft im Sinne Adam Smiths, noch einer modernen Gestaltung, die den
Manchesterkapitalismus des 19. Jahrhunderts hinter sich gelassen hat und
die Prophezeiung von Karl Marx durch die Einführung einer intensiv aus-
gebauten Sozialpolitik[81] sowie einer Wettbewerbspolitik bislang vereiteln
konnte.

---

[80] Siehe beispielsweise die Meinung des emeritierten Professors an der Ludwig-Maximili-
ans-Universität München und langjährigen (1999-20116) Präsidenten des ifo Instituts für
Wirtschaftsforschung:

Hans-Werner Sinn: Der große Irrtum, in: Süddeutsche Zeitung vom 31.10.2014.

Siehe hierzu auch: Stefan Kaletsch: Sinn und der Unsinn des Homo oeconomicus, auf:
https://www.strategie-kommunikation.de/2015/01/30/sinn-und-der-unsinn-des-homo-
oeconomicus/, veröffentlich am 30.01.2015.

[81] Siehe hierzu: Thomas Piketty: Das Kapital im 21. Jahrhundert, München 2014.

Es gibt dennoch Abwege von der Mainstreamökonomik, die zwar zum einen emotionale Faktoren berücksichtigen, diese aber unreflektiert in das alte neoklassische Paradigma einbringen. Widersprüchlich ist es zum Beispiel, einerseits von ökonomischer Rationalität auszugehen und sich andererseits das Wissen über die Unzulänglichkeiten des menschlichen Geistes gezielt in der Werbung und allgemein im Marketing zunutze zu machen. So werden beispielsweise irrationale Entscheidungen der Konsumenten provoziert und ausgenutzt. Umgekehrt wird neuerdings versucht, Konsumenten durch psychologische Tricks zu rationalen Entscheidungen zu bewegen. Das Werk Richard Thalers, Wirtschaftsnobelpreisträger des Jahres 2017, der als einer der führenden Verhaltensökonomen unserer Zeit gilt, zeichnet sich durch eine solche Psychologisierung des wirtschaftswissenschaftlichen Menschenbildes aus. Sein Ansatz fußt auf der durchaus realistischen Annahme, dass Menschen fehlbar sind und im Gegensatz zum Homo oeconomicus ständig suboptimale Entscheidungen treffen. Mit diesem Ansatz entwickelte Thaler gemeinsam mit seinem Kollegen Cass Sunstein ein Konzept, das sie „Nudging" (Schubsen) nennen.[82] Danach könnten Menschen durch einfache Maßnahmen oft dazu gebracht werden, „bessere" Entscheidungen für ihre Gesundheit, Wohlstand oder Glück zu treffen. Beängstigende Bilder von Erkrankungen auf Zigarettenpackungen oder eine gute Platzierung von gesunden Speisen bei der Essensausgabe in Kantinen oder im Regal eines Supermarktes sind bekannte Beispiel hierfür. Doch obwohl nicht abzustreiten ist, dass Thalers Erkenntnisse und empirische Studien hier und dort von praktischem Nutzen – allerdings für gute wie für schlechte Zwecke – sein können, liefert er keine ganzheitliche Erklärung für die Gesamtzusammenhänge menschlicher Entscheidungslogik. Diesbezüglich scheinen mir die Arbeiten von Daniel Kahneman, die ich im Folgenden kurz erläutern will, wesentlich bedeutender.

Der Kognitionspsychologe Daniel Kahneman bekam gemeinsam mit dem Wirtschaftswissenschaftler Vernon L. Smith 2002 ebenfalls den Wirtschaftsnobelpreis für die langjährigen Arbeiten zur eingeschränkten Rationalität. In seinem 2011 erschienen Buch „Thinking, Fast and Slow"[83] erklärt Kahneman noch einmal einer größeren fachübergreifenden Leserschaft, worin er die grundsätzliche Struktur sieht, in welcher Menschen

---

[82] Richard Thaler und Cass Sunstein: Nudge. Improving decisions about health, wealth and happiness, 2008.

[83] Deutsche Ausgabe: Daniel Kahneman: Schnelles Denken, langsames Denken, 2011.

denken, handeln und entscheiden. Dabei geht es – wie man den Titel vielleicht missverstehen könnte – nicht darum, die Menschheit in Schnelldenk-
ker und Schwerfällige aufzuteilen. Kahnemans nachvollziehbare und anth-
ropologisch gestützte These lautet vielmehr, dass sich im Laufe der Evolution aus energetischen Notwendigkeiten eine kognitive Strategie herausgebildet habe, wonach die meisten Handlungen auf der Grundlage bewähr-
ter Routinen ablaufen und damit ohne kritische Hinterfragung erfolgen
kann. Das nennt er „schnelles Denken". Doch darüber hinaus gebe es Situationen, in denen wir innehalten, weil wir – veranlasst durch Überraschungen, Irritationen oder Widersprüche – merken, dass es wichtig ist,
erst einmal über die Situation bewusst zu reflektieren, bevor man sich für
eine Handlung entscheidet. Das Gehirn verfalle dann in einen Modus, der
weit mehr Energie erfordere, weshalb man ihn nur bei Wahrnehmung un-
gewöhnlicher Signale aktiviere. Das nennt Kahneman „langsames Denken". Während uns also das schnelle Denken recht wenig Anstrengung und
Energie abverlangt, wodurch in der Evolution immer ein Überlebensvorteil
entsteht, ist das langsame Denken eine mühsame, Energie verzehrende
Leistung, die man tendenziell scheut, die aber in ausgewählten Situationen
von existenzieller Bedeutung ist. „Fehler" können in dieser Heuristik dann
vor allem an zwei Stellen auftreten: Erstens, wenn man die Notwendigkeit,
den Modus vom schnellen zum langsamen Denken umzustellen, nicht oder
nicht rechtzeitig erkennt; zweitens, wenn man im langsamen Modus aufgrund von kognitiver Überforderung oder Informationsdefiziten zum falschen Ergebnis kommt. Doch auch wenn wegen dieser Schwachstellen
viele suboptimale Entscheidungen und Handlungen zustande kommen, ist
die evolutorisch entstandene Strategie unter dem Strich von Vorteil und
erhöht die Überlebenschancen eines Individuums und unserer ganzen Spezies – jedenfalls bis dato.

Diese Heuristik, die in ihren Grundzügen unter anderen auch von Gerd Gigerenzer und Gerhard Roth vertreten wird, eröffnet eine ganz andere Perspektive auf einen beträchtlichen Teil menschlicher Fehlleistungen. So
wird der Mensch niemals in der Lage sein, stets „optimal" zu handeln. Fazit: Man kann wohl, wie dies die Mainstreamökonomik tut, auf dem Reißbrett in aller Ruhe berechnen, was im Hinblick auf ein klar definiertes Ziel
und unter Berücksichtigung aller bekannter Rahmenbedingungen sowie
unter Einbeziehung spekulativer Wahrscheinlichkeitsverteilung die ver-
nünftigste, meistversprechende Handlung wäre. Aber man berücksichtigt

dabei nicht, dass der Mensch für eine solche „rationale" Handlungsstrategie sowohl von Natur aus kognitiv gar nicht ausreichend gerüstet ist, als auch aufgrund stets vorhandener unberechenbarer Faktoren man die Zukunft nicht voraussehen und damit die tatsächlich beste Lösung niemals zielsicher erreichen kann. Selbstverständlich ist es ein Leichtes, durch Partialanalysen, wie sie in der Mainstreamökonomik gelehrt werden, einzelne unvernünftige Handlungen ceteris paribus zu identifizieren und eine optimale zu definieren. Doch hiermit blendet man häufig nicht nur viele entscheidungsrelevante Aspekte aus und vernachlässigt wichtige Interdependenzen der Einzelfaktoren, sondern man kann auf diese Weise auch kein Verständnis von typisch menschlichen Handlungsstrategien erlangen, die den Anforderungen an ein erfolgreiches Zusammenleben und Wirtschaften gerecht werden. Hierfür sind systemische Analysen unverzichtbar.

Obwohl Kahnemans Erkenntnisse entscheidende Konsequenzen für weite Bereiche der ökonomischen Theorie haben und ihm letztendlich genau aus diesem Grund – sogar als Fachfremder – mit dem Wirtschaftsnobelpreis die höchste Ehrung der Fakultät zuteilwurde, hatten sie ebenso wenig Auswirkungen auf das Curriculum des Faches, wie die von anderen herausragenden Ökonomen wie Keynes, Schumpeter, Hayek, Eucken, Sen und einige bekannte und unbekannte mehr. Der Wissensfundus, der seit langer Zeit in unzähligen Hörsälen verbreitet wird, bleibt meiner Erfahrung nach davon vollkommen unberührt.

Auch wenn Wirtschaftswissenschaftler, die am Lehrplan der Mainstreamökonomik festhalten, grundsätzlich nicht leugnen, dass jeder Mensch in seiner Rationalität beschränkt und Lernfähigkeit nur begrenzt ist, so trifft das in weit geringerem Maß auf deren gefühlsbasierter Einschätzung bezüglich der sozialen und moralischen Eigenschaften seiner Mitmenschen zu. Hier herrscht bei Mainstreamökonomen die Ansicht vor, es sei trotz einiger Ausnahmen weitgehend realistisch anzunehmen, dass der Mensch sich ausschließlich auf seinen ganz persönlichen Nutzen konzentriere. Das gelte zumindest für den Bereich wirtschaftlicher Beziehungen, auf den Ökonomen ja schließlich spezialisiert seien. Diesem Argument kann man – ungeachtet der oben angeführten Kritik am Nutzenmaximierungskonzept – eine gewisse Plausibilität nicht abstreitig machen. Ich komme jedoch aus den folgenden Gründen zu einer anderen Schlussfolgerung:

Es ist schwer vorstellbar, dass Menschen ihr charakterliches Kostüm wechseln, je nachdem, ob sie in professionell betriebswirtschaftlicher oder privater Funktion handeln. Das wäre geradezu pathologisch. Ein Unterschied zwischen streng betriebswirtschaftlichen und privaten Verhaltensweisen ist stattdessen keine Frage des Charakters, sondern geht auf die unterschiedlichen institutionellen Rahmenbedingungen der jeweiligen Lebensbereiche zurück. Wenn ein Geschäftsmann oder eine Geschäftsfrau beispielsweise bei Vertragsabschlüssen um jeden Cent feilscht, heißt das nicht, dass er oder sie bei Spenden, Trinkgeldern oder familiären Weihnachtsgeschenken geizt. Hier gelten stattdessen andere Regeln als dort. In Wettkämpfen jeglicher Art ist es nicht unmoralisch nach einem Sieg zu eifern und dafür alle zugelassenen Mittel und Stärken einzusetzen. Unmoralisch wird es erst, wenn zu diesem Zweck Regeln übertreten werden. Der Zweck heiligt auch dort nicht jedes Mittel. Es gilt also, sich an nachvollziehbare und allgemeingültige Regeln zu halten, denen man implizit oder sogar explizit zugestimmt hat. Das ist eine grundsätzliche moralische Norm, die für alle Lebensbereiche gilt. Entsprechend bemisst sich der Charakter eines Menschen nicht zuletzt daran, ob er sich an diese Grundregel weitgehend hält. Die meisten Geschäftsleute würden die Zuverlässigkeit ihrer Geschäftspartner wohl als wichtige Grundeigenschaft bewerten.

So ist der Verstoß gegen zustimmungsfähige Regeln im wirtschaftlichen ebenso wie im privatem Bereich verpönt und schädlich. Vertrauen ist folglich keine naive Grundeinstellung, sondern erwächst aus der Erkenntnis, dass Menschen einfach nicht vollständig kontrollierbar sind – auch nicht im Business – oder eine halbwegs zuverlässige Kontrolle zumindest unwirtschaftlich wäre, weil sie stets mit hohen Kosten verbunden ist. Es gibt unzählige Beispiele, die auf der Grundlage beiderseitiger Vorteile von Geschäftspartnern auf Vertrauen beruhen. Meist sind sie sogar eine Grundbedingung, um überhaupt Geschäfte miteinander einzugehen. Ein sehr guter historischer Beleg für die allgemeine Nützlichkeit von Vertrauen ist die Institution des „ehrbaren Kaufmanns" der mittelalterlichen Hanse. Sie brachte Wohlstand hervor, indem sie eine effiziente geografische Ausweitung des Handels ermöglichte. Ein weiteres Beispiel aus der jüngeren Vergangenheit ist die Praxis von Geschäftsanbahnungen japanischer Unternehmer. Als sich in den 1970er Jahren Geschäftsverbindungen zwischen deutschen und amerikanischen anbahnten, wunderte sich die westliche Seite darüber, dass die japanische Seite bei ersten Treffen zunächst gar nicht an den wirtschaftlichen Details interessiert war, sondern vielmehr am

Verhalten ihrer potenziellen Partner. Während Deutsche und Amerikaner gleich zur Sache kommen wollten, mussten sie feststellen, dass ihre japanischen Verhandler erst einmal deren Prinzipientreue auskundschafteten, indem sie jenseits rein wirtschaftlicher Argumente Eindrücke ihres Gegenübers gewinnen wollten. Ein Flug nach Japan und ein kurzes Gespräch, das mit einem Vertragsabschluss endet, war nicht realisierbar. Erst die charakterliche Eignung konnte den Zugang zur japanischen Wirtschaft eröffnen.

Natürlich gibt es auch solche Geschäftsleute, die – wenn nicht gar durch plumpen Lug und Betrug – sich durch Gesetzeslücken und Schlitzohrigkeit auf unfaire Weise zu Ungunsten ihrer Geschäftspartner bereichern. Wäre dem nicht so, könnte man sich Charakterprüfungen sparen. Je mehr jedoch davon in einer Volkswirtschaft oder internationalen Handelsgemeinschaft auftreten, desto stärker belasten sie diese, indem sie die so genannten Transaktionskosten – also die Kosten der Suche, Anbahnung, Vertragsverhandlungen und Kontrolle – drastisch steigern und so manchen Handel und damit auch eine tiefere Arbeitsteilung unwirtschaftlicher, im Extremfall sogar unmöglich machen. Der Homo oeconomicus ist gewiss kein ehrbarer Kaufmann und ebenso wenig ein japanischer Geschäftsmann, da es in der neoklassischen Theorie die Kategorie „Ehre" überhaupt nicht gibt. Das Menschenbild Homo oeconomicus als Standard und nicht als Sonderfall anzusehen, widerspricht somit nicht nur dem selbstgesteckten Ziel der Mainstreamökonomik, keine unrealistischen Annahmen zu setzen, sondern verhindert auch, notwendige soziale Voraussetzungen einer wirtschaftlich effizienten Ordnung zu erkennen.

Auseinandersetzungen über den ethischen Gehalt menschlichen Verhaltens münden schnell in der pauschalen Frage, ob der Mensch egoistisch oder altruistisch ist. Doch diese binäre Frage ist fruchtlos und führt in eine Sackgasse, denn der Mensch hat prinzipiell zwei Gesichter. Und man findet reichlich empirische Beispiele für die Erscheinung beider. Anstatt unendliche Diskussionen über zwei widersprüchliche Thesen zu führen, die offensichtlich beide in dieser Einfachheit nicht haltbar sind, gilt es vielmehr, die Bedingungen ihrer jeweiligen Erscheinung zu ergründen. Die zwei Gesichter des Menschen treten nämlich nicht vollkommen willkürlich auf, sondern sind im Allgemeinen an eine bestimmte Konstellation der Rahmenbedingungen gebunden. So zeigt sich die rücksichtsvolle, soziale, gelegentlich sogar altruistische Seite vor allem gegenüber konkreten Mitgliedern einer identifizierten Gemeinschaft – der Sippe, der Familie, der Nation, des Teams, der Gesinnungsgenossen, der Partei, der Organisation oder des Unternehmens.

Diese gruppenbezogene Ausrichtung heißt allerdings nicht, dass innerhalb
solcher Gemeinschaften keinerlei Konkurrenzverhältnisse existieren, die
sich sogar zu wahren Feindschaften entwickeln können. In diesem Zusammenhang steht auch das Phänomen, dass innerhalb von Gemeinschaften ab
einer gewissen Größe typischerweise Subgemeinschaften entstehen, zwischen denen wiederum Konkurrenzsituationen entstehen. Der Tendenz zur
Abspaltung wirkt das Prinzip einer Gemeinschaft entgegen, bei Bedrohun-
gen von außen zusammenzuhalten. Verstöße gegen dieses Prinzip unterliegen der moralischen Ächtung, weil Illoyalität jeglicher Art stets die Gruppe
schwächt. Dieses Phänomen tritt beispielsweise bei nationalistischen Poli-
tikstrategien zutage. Es gilt unter Historikern als ehernes Gesetz. Jüngstes
Beispiel hierfür ist der zusammenschweißende Effekt auf die westliche
Welt durch den russischen Angriffskrieg auf die Ukraine.

Sieht man von den Situationen ab, in denen es auch innerhalb einer Gruppe
um ein existenzielles „Du oder Ich" geht, zeigt der Mensch seine egoisti-
sche Seite vornehmlich im Umgang mit außenstehenden Menschen, also
gegenüber Menschen, die definitiv nicht zur eigenen Gruppe gehören. Hier
verlieren oft die moralischen Regeln, die innerhalb einer Gruppe eine
große Bedeutung besitzen, zum Teil oder gar vollkommen an Wert. Ich
bezeichne dieses Phänomen als „Gruppenmoral".[84] Modernen ethischen
Maßstäben, etwa dem kategorischen Imperativ Immanuel Kants, zufolge
dürfte es eine solche Differenzierung zwischen „Wir und Die" natürlich
nicht geben. Stattdessen müsste nach humanistischen Idealen, denen sich
ja auch viele Menschen der liberalen Welt verpflichtet fühlen, die gesamte
Menschheit als Gemeinschaft gesehen werden. Doch so wünschenswert
die Vorstellung von einer Weltgemeinschaft auch sein mag, die Realität
zeichnet ein anderes Bild. Man denke etwa an die Kontroversen in der
Flüchtlingspolitik Europas oder Amerikas. Im Zweifelsfall sind wir Menschen eben nur bereit, für „einen von uns" echte Opfer zu bringen. Sobald
die Unterstützung „der Anderen" mit spürbaren Einschränkungen verbunden ist, neigen wir schnell dazu, Außenstehende als Unberechtigte auszu-
grenzen und uns nicht verantwortlich für deren Schicksal zu fühlen. Die
empirischen Belege für dieses (scheinbar) zwiespältige Menschenbild sind

---

[84] Stefan Kaletsch: Menschenbild, Moral und wirtschaftliche Entwicklung, Münster 1998,
S. 139 ff.

so zahlreich, dass sie ganze Bibliotheken füllen. Sie betreffen Gruppierungen wie Nationen, Ethnien, Regionen, Religionsgemeinschaften, Dynastien, Vereine, Unternehmen, Fanclubs, Familien oder Freundeskreise.

Die besten Ansätze zur Erklärung dieses „Wir-und-Die-Phänomens" finden sich abermals in der biologischen Forschung, beginnend mit Charles Darwin. In jüngerer Zeit wurde dieser Ansatz unter anderen von dem Entomologen (Insektenforscher) Edward O. Wilson verfolgt, der insbesondere für seine Beiträge zur Soziobiologie – ein Zweig der Ethologie (Verhaltensforschung) – und zur Evolutionstheorie bekannt wurde.[85] Wilson brachte das in der Tierwelt seltene Phänomen der so genannten „Eusozialität", die bei ausgewählten Insekten (Bienen, Ameisen) zu beobachten ist, in Zusammenhang mit in gewisser Hinsicht vergleichbaren Phänomenen der menschlichen Spezies. Eusozialität ist im Wesentlichen definiert durch ein streng arbeitsteiliges, fortpflanzungsgemeinschaftliches Staatenbauertum. Wilsons Verdienst liegt für unsere Thematik darin, dass selbstloses Verhalten nicht per se ein unnatürliches Phänomen ist. In seinem Buch „Die soziale Eroberung der Erde"[86] erklärt Wilson, wie die Überlebensstrategie der Gattung Homo, die zwischen individuellem Egoismus und Gruppenegoismus angesiedelt sei, funktioniert. Zwar braucht man nicht die Analogie zu soldatischen Ameisen oder fleißigen, maßlos opferbereiten Bienen, um das typische Sozialverhalten des Menschen zu verstehen. Unser Selbstverständnis und unsere emotionale Beschaffenheit sind im Detail gewiss anders als die von Insekten. Dennoch: Das Phänomen, das die Entomologen „Eusozialität" nennen, offenbart etwas, das auch in menschlichen Gesellschaften zu beobachten und durchaus als natürliche Verhaltensstrategie zu verstehen ist, also nicht nur als ein humanistisches Fantasieprodukt.

Man kann diese Erkenntnis selbstverständlich auch ohne Insektenforschung gewinnen. Insbesondere liefert die moderne evolutorische Neurowissenschaft klare Evidenzen. So wirbt etwa einer der verdienstvollsten

---

[85] Edward O. Wilson: Sociobiology – The New Synthesis, 1975.
Wilsons soziobiologischen Gedanken stützen sich auf die zentralen theoretischen Konzepte der einige Jahre zuvor erschienenen Arbeiten der Briten William D. Hamilton und John Maynard Smith sowie des Amerikaners George C. Williams und Robert L. Trivers beziehen.

[86] Edward O. Wilson: Die soziale Eroberung der Erde, München 2013.

Vertreter dieser Disziplin, Gerhard Roth,[87] für ein neues Menschenbild, das unsere Spezies nicht für ein Wesen hält, das vom Strang der Evolution vollkommen abgehoben ist. Vielmehr folgt er unter neuen naturwissenschaftlichen Belegen der Linie Darwins, wonach wir uns im Wesentlichen nur graduell von anderen Lebewesen unterscheiden. Gestützt werde dies von sehr viel neuem empirischen Material, das die alte These von der vollkommenen Einzigartigkeit entweder widerlege oder zumindest sehr stark in Zweifel ziehe. Das betreffe einerseits die Werkzeugherstellung, das Selbsterkennen im Spiegel, die Zuschreibung von Wissen, begriffliches Denken, Imitation, kreatives Problemlösen, Handlungsplanung und Bewusstsein. Andererseits aber finde man bei Säugetieren, insbesondere bei unseren nächsten Verwandten, den Primaten, auch soziale Verhaltensweisen wie Altruismus und Kooperation, List und Lüge, Täuschung und Diplomatie, Freundschaft und Liebe.[88]

Aus dieser Sicht erfährt allerdings auch das humanistische Ideal vom friedlichen Miteinander aller Menschen seine Einschränkungen. Offenbar ruft im Wesentlichen das Zugehörigkeitsgefühl eines Individuums zu seiner Gruppe (Familie, Sippe, Nation, Organisation, Team …) ein moralisch geprägtes Verhalten hervor, das nur innerhalb der jeweiligen Gruppe stark ausgeprägt ist (Gruppenmoral). Dahinter steckt die überlieferte Botschaft, dass eine Gruppenmoral, die egoistisches Verhalten innerhalb der Gruppe eindämmt und stets auch das Wohl anderer Gruppenmitglieder sowie gemeinsame Ziele und Werte anmahnt, die Gruppe als ganze stärkt. Man kennt dieses Phänomen auch unter dem Begriff „Chorgeist" oder „Teamspirit". Da prinzipiell die Stärke der Gruppe indirekt wieder jedem einzelnen Mitglied zugutekommt, verleitet das schnell dazu, der Egoismusthese vom Homo oeconomicus zu folgen, weil am Ende wieder der individuelle Nutzen das eigentliche Handlungsmotiv zu sein scheint. Doch hierbei wird ein entscheidender Faktor außer Acht gelassen, auf dessen Bedeutung ich bereits hingewiesen habe: die Ungewissheit. Da es stets ungewiss ist, ob ein konkretes selbstloses Verhalten letzten Endes in irgendeiner Weise auch individuell entsprechend belohnt wird, ist der „Deal", kurzfristig selbstlos zum Nutzen der Gruppe zu handeln, um längerfristig davon zu profitieren, kein gewöhnlicher ökonomischer Handel, sondern vielmehr eine Strategie, die sich für den Einzelnen nicht zwangsläufig auszahlt, aber

---

[87] Gerhard Roth: Über den Menschen, 2021.
[88] Gerhard Roth: Über den Menschen, 2021, S. 39.

der Gemeinschaft insgesamt evolutorische Vorteile bringt, weswegen sie sich innerhalb von zwei Millionen Jahren behauptet hat.

Diese Strategie ist nicht das Ergebnis von bewussten individuellen Grundsatzentscheidungen, sondern vielmehr eine Verhaltensdisposition, genährt durch (zum Teil angeborene) Empathiefähigkeit sowie eine entsprechende Sozialisierung, die auf Gemeinschaftsdienlichkeit ausgerichtet ist, gewürzt mit der Hoffnung, dass man geleistete Opfer und gelebte Rücksichtnahme in irgendeiner Weise zurückbekommen wird, etwa in einer Notlage oder – im Falle gläubiger Menschen – spätestens im Himmel. Aber auch das Prinzip Hoffnung, das mit Vertrauen in andere Menschen, gesellschaftliche Institutionen oder religiösen Verheißungen korreliert, ist typisch für den Homo sapiens. Der Homo oeconomicus hingegen kennt die Kategorie Hoffnung gar nicht, obwohl auch in typischen wirtschaftlichen Situationen Hoffnung eine große Rolle spielt. So sind Investitionen unter der realistischen Prämisse, dass Vorhersagen der Zukunft unausweichlich mit Ungewissheiten verbunden sind, stets mit Hoffnungen verknüpft. Der gesamte Handlungszusammenhang, der sich um Investitionen jeglicher Art dreht, wird in den neoklassischen Modellen der Mainstreamökonomik jedoch nicht unter der realistischen Annahme erhöhter Ungewissheit gesehen, weshalb man dort auch auf die Bedeutung von Vertrauen großzügig verzichtet. Ein fataler Fehler. Keynes hatte hingegen klugerweise explizit darauf hingewiesen, dass die Erwartungen, also auch Hoffnung und Vertrauen, entscheidend für die Tätigung von Investitionen seien, und zurecht eine Psychologisierung der ökonomischen Theorie angemahnt.[89] Er erkannte vor dem historischen Hintergrund der Weltwirtschaftskrise, dass wirtschaftliche Investitionen niemals allein auf mathematischen Formel beruhen, sondern in der realen Welt ganz wesentlich auch auf Vertrauen und Hoffnung bauen.

---

[89] Siehe Kapitel „Der Siegeszug der Neoklassik".

VI.   Erfolg durch Gruppenkohärenz und Gruppenmoral

Richten wir unseren Blick weiter auf eine spezielle Konstitution des Homo sapiens, dem er ein Alleinstellungsmerkmal in der Evolution aller Lebewesen verdankt. Man kann gewiss davon ausgehen, dass im Laufe der Jahrhunderttausende währenden Menschheitsgeschichte sich folgende kollektive Weisheit in unserer Spezies manifestiert hat: Je stärker die Gruppenmoral, desto stärker die Gruppe und desto geschützter und erfolgreicher auch ihre Mitglieder. Diese Lektion wurde auf vielfältige Weise von Generation zu Generation vermittelt – und wird es selbstverständlich auch heute noch. Selbst jedes Kind in modernen Gesellschaften erlernt sie schon beispielsweise durch Märchenerzählungen oder die Teilnahme an Mannschaftssportarten wie Fußball, Basketball, Baseball, Volleyball, Handball, Völkerball, Hockey oder Eishockey. Und auch in einem beträchtlichen Teil der Filmindustrie spielt dieser Aspekt eine zentrale Rolle, wenn etwa ein kleines, zahlenmäßig unterlegenes, aber eingeschworenes Team über eine große, uninspirierte Gruppe triumphiert. Unterstützt wird dieses Verhalten durch die uns angeborene und frühkindlich entstehende emotionale Grundausrüstung. Zu nennen sind in diesem Zusammenhang selbstbewertende Grundemotionen wie Schuld, Stolz und Scham sowie die Fähigkeit zur Impulskontrolle, die unüberlegte, insbesondere aggressive Kurzschlussreaktionen zurückdrängen. Ebenso wichtig ist die Fähigkeit zur Empathie, die rücksichtslosen Egoismus eindämmt und eine emotionale Grundlage für Kompromisse und sogar selbstlose Taten schafft. Die Emotionen leitet neben Vorteilserwägungen unsere Handlungen und Entscheidungen und machen sie weitgehend sozialverträglich. Das gilt auch für den Arbeitsbereich. Nicht umsonst steht dort Teamfähigkeit hoch im Kurs. Inwieweit Teams aber tatsächlich ihren Titel verdienen, steht auf einem anderen Blatt und ist in unserer Perspektive eine der zentralen Herausforderungen für das Management. Dazu später mehr.

Obwohl unter dem Strich die Gleichung „Verhalte dich sozial, dann wirst auch du davon profitieren", eine probate Maxime ist, die in der Summe aufgeht, beruht moralisches Verhalten im Kern nicht nur – wie uns die neoklassisch geprägte Mainstreamökonomik glauben machen will – auf individuellen Kosten-Nutzen-Berechnungen. Objektive Berechnungen sind in diesem Bereich allein schon wegen zu vieler unbekannter Faktoren oft gar nicht möglich und überfordern darüber hinaus in ihrer Gesamtheit die kognitiven Kapazitäten des Menschen. Lediglich bei klar umrissenen Einzelentscheidungen, insbesondere solchen, welche ausreichend Zeit zum Überdenken bieten oder auf der Grundlage ausreichender spezifischer Erfahrung erfolgen, machen Menschen den „Versuch" konkreter Kosten-Nutzen-Abwägungen. Doch selbst das verläuft – wie jeder aus eigener Erfahrung weiß – keinesfalls immer rein rational, da man im Grunde niemals alle relevanten Aspekte angemessen berücksichtigt und gewichtet oder gelegentlich auch durch vollkommen unvorhersehbare Ereignisse („Schwarze Schwäne") überrascht werden kann. Am Ende erweisen sich nicht selten rationale Berechnungen als Fehlkalkulationen. Frank Knight, ein unter Insidern zwar bekannter, aber in einer seiner Kernbotschaften ebenfalls allgemein vergessener Ökonom, hat 1921 die Bedeutung dieser „Schwarzen Schwäne" explizit hervorgehoben. [90] Man spricht unter denjenigen Ökonomen[91], die seine wertvolle Botschaft nicht vergessen haben, sogar von der „Knightschen Unsicherheit" (Uncertainty). Rein individuelle Kosten-Nutzen-Erwägungen können somit allein aus dieser Perspektive nicht per se die beste Überlebensstrategie sein, da sie letztlich auf die unrealistische Annahme vollkommener Berechenbarkeit angewiesen ist.

Wenn reiner individueller Egoismus, beruhend auf Kosten-Nutzen-Analysen nicht als erfolgreiche Überlebensstrategie des Menschen gewertet werden kann, muss sich im Laufe der Evolution eine andere Strategie behauptet haben. Der US-amerikanische Sozialwissenschaftler Robert Frank hat eine solche in überzeugender Weise aufgezeigt und sie „Strategie der Emotionen"[92] genannt. Er macht darin klar, dass Emotionen kein Hindernis, sondern ein unterschätzter Vorteil für das Überleben und den Wohlstand der Menschen sind. Eine entscheidende Rolle spielen die selbstbewertenden Emotionen Stolz, Scham und Schuld, auf deren Basis Menschen ihr Verhalten reflektieren. Selbstlose oder selbstbeschränkende Handlungen beruhen in erster Linie auf empathischen Gefühlen, die Menschen – dem einen mehr, dem anderen weniger – zu eigen sind und die sich innerhalb der menschlichen Stammesgeschichte in der Gesamtbetrachtung bewährt

---

[90] Frank H. Knight: Risk, Uncertainty and Profit, (1921) 2014.

[91] Hierzu gehört beispielsweise Mariana Mazzucato, die nicht zuletzt mit dem Buch „Das Kapital des Staates. Eine andere Geschichte von Innovation und Wachstum", (2013) 2014 erneut auf diese Kernthematik und ihre Konsequenzen hingewiesen hat.

[92] Robert Frank: Die Strategie der Emotionen, 1992. Erste Originalausgabe: Passions within reason, 1988.

haben. Bestenfalls können sie aus der Position des außenstehenden Beobachters als eine Art soziale Versicherungsstrategie der Gattung Homo sapiens interpretiert werden, deren Logik darauf beruht, dass in einer Welt voller Ungewissheiten jeder Mensch auf die Loyalität und die Hilfe von Mitmenschen angewiesen ist, wovon Gemeinschaften und letztendlich die Spezies in ihrer evolutionären Behauptung insgesamt profitieren. Diesen Zusammenhang auf eine individuelle, situativ rationale Entscheidungsebene bringen zu wollen, wie es das neoklassische Paradigma proklamiert, übersieht den unverrückbaren Faktor der Ungewissheit. Reiner Opportunismus fügt der Gemeinschaft deshalb Schaden zu, der am Ende wieder den Einzelnen trifft oder zumindest treffen kann.

Moralisches Verhalten ist also keinesfalls nur das Ergebnis opportunistischer Klugheitserwägungen und kann es auch niemals sein.[93] Es ist vielmehr eine Folge von Prozessen mit hoher emotionaler Beteiligung verknüpft mit einer Vorstellung von Gerechtigkeit. Emotionale und kognitive Fähigkeiten haben sich parallel innerhalb einer langen Zeit andauernden Evolution der Gattung Homo herausgebildet und gestärkt. Mit der Strategie der Emotionen kann der Mensch die Ungewissheit in seiner Lebenswelt besser bewältigen als mit bloßen Klugheiterwägungen. Die lange Vorgeschichte der Menschheit, vor der die erst rund 6000-jährige Geschichts-„Schreibung" verschwindend kurz erscheint, ist die Entwicklungsgeschichte von Kooperation und Kohäsion in Kleingruppen von vielleicht 30 bis 80 Mitgliedern. Yuval Noah Harari[94] nennt eine Maximalgröße von 150 Mitgliedern. Sie ist bis heute prägend für die Beschaffenheit und das Verhalten unserer Spezies. Bis zu dieser Gruppengröße ist eine spontane Ordnung, eine einfache soziale Kontrolle und eine ständige moralische Bewertung der Gruppenmitglieder noch gewährleistet. In der Gesamtbetrachtung war die Gruppengröße in der langen Phase der Menschheitsgeschichte wohl begrenzt durch zwei Faktoren:

1.   Die Verhaltenstransparenz und damit die Kohäsion innerhalb der Gruppe.
2.   Die Menge der durch Jagd und Sammlung lokal verfügbaren Nahrungsmitteln.

---

[93] Vgl. hierzu Stefan Kaletsch: Menschenbild, Moral und wirtschaftliche Entwicklung, Münster 1998, u.qa. S. 155 ff.

[94] Yuval Noah Harari: Eine kurze Geschichte der Menschheit, 37. Aufl., 2013, S. 40.

Dass es in späten Phasen der Menschheitsgeschichte schließlich zur Bildung von wesentlich größeren Gruppen kam, bis hin zu anonymen Gesellschaften von Millionen Mitgliedern, schreibt man der Entwicklung einer „fiktiven Sprache" der Menschen zu. Diese außerordentliche Kommunikationsfähigkeit des Menschen hebt sich von allen anderen Lebewesen dadurch ab, dass sie nicht nur dingliche Realitäten abzubilden vermag, sondern auch solche, die es nur in der abstrakten Vorstellungswelt gibt. Das eröffnet das weite Feld ethischer Beurteilung, vertraglicher Abmachungen und nicht zuletzt die Entstehung von gemeinsamen Mythen und Mächte, an die alle glauben.[95] Hierzu gehören ethnische Mythen genauso wie religiöse und nationale.

In der Anthropologie existiert die zunächst belustigende, bei näherer Betrachtung aber eingängige Theorie, wonach Klatsch und Tratsch sogar die eigentliche Triebfeder für die Entwicklung einer differenzierten „fiktiven Sprache" war, die es schließlich ermöglichte, selbst in großen anonymen Gesellschaften komplexe Ordnungen zu errichten. Der gemeinsame Mythos ist eine entscheidende Grundlage für eine Gruppenkohäsion in einer sehr viel größeren Dimension. Die Klatsch-und Tratsch-These geht im Wesentlichen zurück auf den britischen Psychologen Robin Dunbar[96]. Die ausgefeilte Kommunikation diente demnach eigentlich der Prüfung gruppenloyalen Verhaltens. Was damals von existenzieller Bedeutung war, treibt den Menschen noch immer an und dient letztendlich demselben Zweck, auch wenn es nicht unbedingt immer um Leben und Tod geht. Es mag heute offiziell verpönt sein, über andere in deren Abwesenheit zu klatschen und zu tratschen. Doch bleibt es für die allermeisten Menschen in unterschiedlicher Ausprägung eine unverzichtbare Gewohnheit – ein Erbe der Geschichte der Menschheit. Und trotz ihres schlechten Rufes ist diese Gewohnheit auch heute noch unverzichtbar.

Die Überlebensfähigkeit der Gattung Homo hing stets von einer guten „Teamarbeit" innerhalb von Gruppen ab. Und je größer eine Gruppe mithilfe von vereinnahmenden Mythen wachsen konnte, ohne ihre Kohärenz zu verlieren, desto erfolgreicher wurde sie. Obgleich man in kleinen wie in großen Gemeinschaften auf Elemente von Autorität angewiesen war – und gewiss immer noch ist – bauten und bauen auch diese notwendigerweise

---

[95] Yuval Noah Harari: Eine kurze Geschichte der Menschheit, 37. Aufl., 2013, S. 40.
[96] Robin Dunbar: Klatsch und Tratsch. Wie der Mensch zur Sprache fand. 1998.

auf Vertrauen, Zuverlässigkeit, Fürsorge und Opferbereitschaft. Das galt für den Schutz vor Gefahren ebenso wie für den Jagderfolg, die Arbeitsteilung und den Handel. Dabei zählten zu den Gefahren nicht nur Raubtiere und Naturkatastrophen, sondern auch andere hominide Gruppen, denen man im nomadischen, wenn auch dünnbesiedelten Leben der langen Vorgeschichte gelegentlich spontan begegnete oder für die man ab der neolithischen Revolution als niedergelassene, Landwirtschaft und Viehzucht betreibende Sippe zur reizvollen Beute von umherziehenden, plündernden Räubergruppen werden konnte.

Zwar gab es gewiss auch ein weitgehend friedliches Nebeneinander unterschiedlicher Gruppen und Sippen. Doch bedurfte dies genauso wie heute immer des guten Willens beider Seiten. Weil aber keine übergeordnete Institution existierte, die auf die Einhaltung von „Verträgen" achtete, musste man lernen, sich gegenseitig zu vertrauen, wozu zweifelsohne die fiktive Sprache unerlässlich war. Außerdem war es für einen friedlichen Verlauf von großem Vorteil, wenn günstige Umweltbedingungen herrschten, wozu insbesondere ein reichhaltiges Nahrungsangebot zählt. Dort, wo keine ausreichenden Ressourcen für alle vorhanden waren, musste eine der beiden Gruppen entweder freiwillig weiterziehen oder die anderen verjagen, beziehungsweise sogar vernichten. Wenn eine Sippe zu groß für die lokalen Versorgungsmöglichkeiten wurde, konnte sich ein Teil auch abspalten und sich neue Lebensräume suchte, was letztendlich zur Besiedlung der gesamten Erde führte. Die evolutorische Ausbreitungsgeschichte der Spezies Mensch beruht also im Wesentlichen einerseits auf dem Prinzip Kooperation innerhalb einer überschaubaren Gruppe und andererseits einer Konkurrenz zwischen Gruppen. Keinesfalls aber basiert die menschliche Existenz – wie Mainstreamökonomen in ihren Modellen voraussetzen – auf purem Individualegoismus, also einem exzessiven Egoismus von Individuen.

Nun kann man nicht annahmen, dass alle Gruppenmitglieder – mögen sie auch noch so intensive Sozialisierungsrituale durchlaufen haben – stets ihre aus innerem Antrieb individuellen Interessen den kollektiven unterordnen. Aus diesem Grund kennt jede Gemeinschaft extrinsischen Straf- und Belohnungsmaßnahmen. Bestrafungen bei Missachtung von Regeln und Gesetzen zu jeder Gesellschaftsordnung, was gegen eine Verklärung der menschlichen Natur spricht. Selbst in allgemein intakten Gruppen gibt es stets vereinzelte Regelbrecher, deren Überschreitungen man frühzeitig begegnen muss, will man nicht die gesamte Ordnung und Gruppenkohäsion aufs Spiel setzen. Die Notwendigkeit extrinsischer Motivation durch

Androhung von Strafen zum allgemeinen Standard zu erheben, ist jedoch genauso eine ebenso gefährliche Fehldeutung wie die Annahme, durch punktuelle, individuelle Belohnung die besten Ergebnisse kollektiver Aktionen hervorzurufen. Wir kommen später noch auf diesen wichtigen Punkt zu sprechen.

Auch in logischer Hinsicht ist das von Mainstreamökonomen unterstellte Motiv der individuellen Gewinn- bzw. Nutzenmaximierung nicht haltbar. Menschen ist es – wie wir eben schon sahen – gar nicht möglich, zu jedem Zeitpunkt rationale, ganzheitliche Nutzenberechnungen zu machen. Insbesondere für ein nachhaltig abgesichertes Überleben bleibt Kooperation mit Gleichgesinnten die beste Strategie. Kooperationswillen und Kooperationsfähigkeit beziehen sich in empirischer Betrachtung jedoch nicht auf eine unbegrenzte, undefinierte Anzahl von Menschen, sondern im Wesentlichen nur auf Gruppenmitglieder im engen sowie im weiten Sinn, also auf solche, die ein bestimmtes gemeinsames Merkmal kennzeichnet, ideologische oder ethische Werte teilen oder sogar direkt aufeinander angewiesen sind.

Während die Identität und Zugehörigkeit in der längsten Zeit der Menschheitsgeschichte immer sehr eindeutig durch weitgehend isolierte Kleingruppen und Sippen definiert waren, verschwimmt dieses Kriterium in den jüngeren Phasen der Menschheitsgeschichte immer mehr und stellt sich in großen, anonymen Gesellschaften zum Teil deutlich abstrakter, vielschichtiger, veränderbarer und versteckter dar. Doch ungeachtet dessen bleibt das altbewährte Grundmuster menschlichen Verhaltens bestehen, namentlich die gruppeninterne Kooperation bei gleichzeitiger Konkurrenz gegenüber anderen Gruppen. Dieses Grundmuster tritt folgerichtig selbst in den anonymen Großgesellschaften auf und ist in bestimmten Situationen sogar besonders auffällig. Man denke etwa an die weltweite Begeisterung für Sportveranstaltungen, bei denen zwei Mannschaften (Kleingruppen) mit großer Opferbereitschaft und Teamgeist stellvertretend für eine Nation, Stadt, Verein, Fangemeinde oder Familie um Sieg, Ehre und Ruhm wetteifern.

In modernen Großgesellschaften gehören Bürger typischerweise nicht nur einer einzigen, sondern mehreren verschiedenen Gruppen an, deren Mitglieder nicht identisch sind, aber vielleicht gemeinsame Schnittmengen besitzen: Familie, Verein, Freundeskreis, Kollegium, Religionsgemeinschaft,

Nation, Fanclub, Partei, Chor oder irgendwelche Interessengemeinschaften. Das macht es schwieriger, das oben beschriebene atavistische Verhaltensmuster zu erkennen, und komplexer damit umzugehen. Gleichzeitig gehört es in heutigen Großgesellschaften zu den größten Herausforderungen im Leben eines freien Individuums, die „richtige" Gruppe für sich zu finden und sich dort zu etablieren und eine passende Rolle zu finden.

Darüber hinaus ist in der modernen, globalisierten Welt sogar die Verbundenheit von Menschen durch eine gemeinsame Weltanschauung als eine Gruppe zu interpretieren. Das gilt beispielsweise für Anhänger bestimmter politischer oder religiöser Bewegungen und Gemeinschaften. Interessant ist die Unterscheidung, die der Publizist David Goodhart in seinem Bestseller „The Road to Somewhere" mit dem gegensätzlichen Begriffspaar „Anywheres" und „Somewheres" eingeführt hat. Mit Anywheres sind global vernetzt denkenden großstädtische Bürgerinnen und Bürger gemeint. Die Somewheres hingegen stehen für traditionelle Werte wie Familie, Heimat und Nation.[97] Die Anywheres könnten an vielen Orten ihre Lebensentwürfe gestalten und sich an Veränderungen anpassen, während die Somewheres ihre angestammte Burg verteidigen, um ihren Lebensentwurf zu realisieren und dem Anpassungsdruck entgegen zu wirken.

Gerade in den letzten Jahrzehnten ist die gesellschaftliche Spaltung zwischen grenzüberschreitenden, liberalen Wertegemeinschaften und konservativen Globalisierungsgegnern, die sich stark über Orte und lokale Kulturen definieren, gewachsen. So gibt es im Extremfall Anywheres, die sich als Weltbürger verstehen und jedem Erdbewohner – unabhängig von Nationalität, Wohnort, Religion und Kultur – versuchen auf Augenhöhe zu begegnen und allen überall dieselben Rechte zugestehen. Hingegen beharren Somewheres typischerweise auf Sonderrechte in ihrem Territorium und verteidigen ihre traditionelle Kultur gegen Einflüsse von außen, was zwar aus deren Perspektive nachvollziehbar ist, aber die Konkurrenzsituation „Us-or-Them" niemals aufzuheben vermag.

Ob es eine Road to Anywhere gibt, also eine Entwicklung hin zu einer einzigen Weltgesellschaft, muss aufgrund der oben beschriebenen Gruppenorientierung des Menschen sowie der zahlreichen historischen und ak-

---

[97] David Goodhart: The Road to Somewhere: Wie wir Arbeit, Familie und Gesellschaft neu denken müssen, 20. April 2020.

tuellen empirischen Befunde bezweifelt werden. Es hat vielmehr den Anschein, als gäbe es zwei ewig wirkende Kräfte, die ein regelrechtes Naturgesetz darstellen, wonach einer Phase der Integration stets wieder Abspal-
tungsbestrebungen folgen. Man denke an den Brexit, das Baskenland oder
Katalonien ebenso wie an Kurdistan, Tibet, Uiguristan, Tschetschenien,
Québec, Bougainville und an einige Minderheitengebiete Myanmars, Mol-
dawiens, Georgiens und Aserbaidschans, den Südjemen, die Ukraine sowie
den Norden von Mali oder den Süden Brasiliens. Es liegt nahe, dass sich
die Tendenz zur Separation beziehungsweise Sezession aus dem uralten
Verhaltensmuster des Menschen speist, wonach das Bedürfnis nach Identität erstens einen bestimmten Grad an Abstraktheit nicht überschreiten
darf und zweitens eine Abgrenzung zu anderen Identitäten notwendig ist,
um die eigene Identität zu definieren und intensiver wahrzunehmen. Hinzu
kommen unterschiedliche Vorstellungen von Gesellschaftsordnungen, Re-
ligionen und Mythen.

Es gäbe hierzu noch einiges mehr zu sagen, was den Rahmen der vorliegenden Abhandlung allerdings sprengen würde. Die kurze Skizzierung
zentraler anthropologischer und soziologischer Grundthesen soll hier ausreichen, um egoistisches Verhalten als Teil der menschlichen Natur zu re-
lativieren und differenzierter einzuordnen. Menschen agieren in Gruppen,
mit denen sie sich identifizieren und denen gegenüber sie sich verpflichtet
fühlen. Egoistisches Handeln wird in einer Gemeinschaft, die stets existenziell auf Kooperation angewiesen ist, nur zu einem gewissen Maß – in der
einen mehr, der anderen weniger – toleriert. Soziales empathisches Verhalten steckt somit notwendigerweise ebenso in unserer DNA wie Rück-
sichtslosigkeit und Aggression, je nachdem, ob man im Gegenüber ein
„Gruppenmitglied" im weitesten Sinne sieht oder wenig bis gar keine
Selbstähnlichkeit erkennt und keine Empathie empfindet. Selbstverständlich stecken im menschlichen Wesen auch Abgründe, die in Ausnahmefäl-
len gegen diese Gesetzmäßigkeit verstoßen. Es gibt sogar Menschen, die
ihre Familienmitglieder, ja sogar ihre Kinder töten. Doch gelten solche Taten zurecht als „unmenschlich", kommen vergleichsweise selten vor und
schockieren die Gesellschaft in höchstem Maß.

Man kann das atavistische Verhaltensmuster, dem Erbe unzähliger Jahr-
tausende der Menschheitsgeschichte, sehr gut in klassischen Konflikten
zwischen Einheimischen und Migranten beobachten. So verwehrte etwa in
der „Flüchtlingskrise" 2015 ein nicht unerheblicher Teil europäischer Bürger Asylsuchenden aus fernen Ländern die Aufnahme, während sich viele

derselben gleichzeitig für soziale Belange ihrer angestammten Mitbürger einsetzten. Dabei neigen typischerweise gerade Bevölkerungsgruppen, die wenig bis gar nichts mit Ausländern zu tun hatten, zu einem fremdenfeindlichen Verhalten, weil sie – so jedenfalls steht zu vermuten – in Menschen mit anderen Kulturen und anderem Aussehen nur wenig Selbstähnlichkeit erkennen. Hürden in der Kommunikation tun ihr Übriges. In der Lesart David Goodharts verteidigen die Somewheres nur ihre Burg. Auch die Flüchtlingswelle ukrainischer Bürgerinnen im Jahr 2022 aufgrund des russischen Angriffskrieges bieten ein gutes Beispiel für die Aufnahmebereitschaft. Während gerade Polen, das sich gegen eine Aufnahme afrikanischer Flüchtlinge noch wehrte, war das EU-Land außerordentlich großzügig im Umgang mit ukrainischen Flüchtlingen, was nicht zuletzt der kulturellen Ähnlichkeit zuzuschreiben ist.

Wozu der Mensch im Negativen fähig ist, wenn er andere Menschen nicht als selbstähnlich wahrnimmt, wissen wir etwa aus der Geschichte der Sklaverei, der Judenverfolgung oder den Genoziden in Armenien und Ruanda und vielen anderen erbarmungslosen Grausamkeiten nur allzu gut. Aber es lassen sich auch eindrucksvolle positive Beispiele geradezu selbstloser menschlicher Hilfe anführen – von Eltern, Kindern, Freunden, aber nicht selten auch von Fremden – die unter großer Opferbereitschaft bis hin zur Lebensbedrohung sich für die Belange und das Leben anderer einsetzen. Hollywood ist randgefüllt mit Drehbüchern, die Selbstlosigkeit von Helden zum Thema machen. In diesem Erzählstoff steckt eine Faszination. Offensichtlich sehen Menschen darin etwas Bewundernswertes, das sie emotional rührt. Solche Ideale können zwar die wenigsten unter uns erfüllen. Dennoch sind sie im gesellschaftlichen Zusammenspiel wichtige Orientierungspunkte, die hier und da ihre Wirkung zeigen und höchste Beachtung finden.

Bricht man diese Logik der Gruppenkohäsion und des gruppenbezogenen Sozialverhalten auf das Verhalten innerhalb von Unternehmen und anderen Organisationen runter, so ergeben sich folgende Schlüsse: Ein Organisationskonzept, welches auf der Annahme beruht, dass jedes Mitglied einer Gruppe nur auf den eigenen Vorteil bedacht ist, verkennt entscheidende Eigenschaften des Menschen und ignoriert die Grundsätze des Kooperationserfolgs. In dem Maße, wie ein Organisationskonzept vom reinen Egoismus-Prinzip ausgeht, steigert sich die Gefahr, dass dies zu einer Sich-selbst-erfüllenden Prophezeiung wird: Wer Menschen wie Egoisten behandelt, provoziert sie zu egoistischem Verhalten. Werden Menschen in ein

Organisationssystem gepresst, welches für Egoisten konzipiert wurde, ist die Wahrscheinlichkeit groß, dass sie sich auf kurz oder lang wie solche verhalten. Es handelt sich hierbei um einen nachvollziehbaren Anpassungsprozess an den vorgegebenen institutionellen Rahmen. Dass es unter anderen institutionellen Bedingungen hätte es ganz anders laufen können, wird übersehen.

VII.   Managen in einer Welt voller Ungewissheit

„In einer Umgebung, in der wir nicht wissen, was passiert, ein Vertrauen zu schaffen, dass sich ein Team wie eine Einheit verhält – es ist mein Job, diese Umgebung zu schaffen."[98]

Thomas Zurbuchen

Wir haben erörtert, welche Bedeutung der unvermeidbaren Ungewissheit von Entscheidungen und Handlungen zukommt und wie sträflich diese Erkenntnis in der Mainstreamökonomik vernachlässigt wird. Es wurde darüber hinaus angedeutet, wie wichtig eine angemessene Berücksichtigung des Faktors Ungewissheit auch für ein erfolgreiches Management ist. Dieser Aspekt gewinnt noch an Bedeutung, wenn man bedenkt, dass es nicht nur um die Bewältigung seltener Herausforderung geht. Nicht allein exogene Faktoren wie politische oder juristische Vorgaben, Naturkatastrophen, Kriege, Klimaschwankungen oder Pandemien werfen Prognosen und Pläne immer wieder über den Haufen.[99] Es gibt darüber hinaus auch permanent wirkende wettbewerbsendogene Faktoren. Der wirtschaftliche Wettbewerb selbst sorgt – wie Schumpeter dezidiert nachzeichnete[100] – ständig für neue, nicht oder nur sehr unsicher vorhersagbare Realitäten. Das kapitalistische Wirtschaftssystem ist so angelegt, dass es Freiräume und Anreize für einen permanenten Wandel setzt. Das hat den Kapitalismus so ungeheuer erfolgreich und wirtschaftliche Prognosen noch schwieriger gemacht. Technischer Fortschritt, breiter Wohlstand und eine damit

---

[98] Wolfram Eilenberger im Interview mit Thomas Zurbuchen, wissenschaftlicher Direktor der NASA: Sternstunde der Philosophie – NASA-Forschungsdirektor über den Menschen im Kosmos, SWF-Kultur.
https://www.youtube.com/watch?v=2sZf4Z6uRLE&t=1s&ab_channel=SRFKulturSternstunden

[99] Wie unsicher und ungenau Wirtschaftsprognosen sind, kann man am Beispiel der Gutachten der so genannten „Wirtschaftsweisen" abzulesen, die trotz eines enormen Aufwandes sich schon nach kurzer Zeit regelmäßig mehrfach korrigieren müssen. Ohne die Expertise der Wirtschaftsweisen in Frage stellen zu wollen, muss man einsehen, dass keine Weisheit existiert, die etwa Wirtschaftswachstum auf Kommastellen genau vorhersehen kann. Man sollte daher auf solche aufwendigen Gutachten ganz verzichten, zumal sie scheinbare Realitäten vorgaukeln, die nicht nur eine positive, sondern auch eine negative Dynamik entfachen können.

[100] Siehe Kapitel „Unternehmerische Dynamik statt statische Maximierungsdoktrin".

verbundene soziale Mobilität sind im Endeffekt das Ergebnis laufender Innovationsprozesse. Nicht die stumpfe, permanente Vermehrung althergebrachter Güter und Dienstleistungen haben wohlständige Industriegesellschaften hervorgebracht, sondern die immer wieder diskontinuierlich aufkommenden, strukturellen Veränderungen durch erfolgreiche Innovationen und den ihnen folgenden Anpassungsprozessen und Gegenmaßnahmen.

Die kapitalistische Gesellschaft lebt von und mit einem Strom aufkommender und niedergehender Technologien, Produkte, Methoden, Dienstleistungen, Berufe, Branchen und Unternehmen. Zwar kann man sich dieses ständigen strukturellen Wandels insgesamt sicher sein, doch vermag niemand zielsicher zu prognostizieren, wann und wohin der Wettbewerb diese Entwicklung im Detail treibt. Auch wenn es zu jedem Zeitpunkt Propheten gibt, die das glauben und sogar vorgeben zu wissen, bleibt in objektiver Betrachtung die Ungewissheit darüber unweigerlich bestehen. Keiner hat das wohl klarer ausgesprochen als Friedrich A. von Hayek, der in diesem Zusammenhang der „Anmaßung von Wissen" den „Wettbewerb als Entdeckungsverfahren" gegenüberstellte.[101] Die Lebenszyklen von Technologien und Produkten werden in der heutigen Wissensgesellschaft, in welcher der globale Wettbewerb gerade in innovationsintensiven Branchen durch die rasante nachholende Entwicklung einiger Schwellenländer wächst, immer kürzer. Das erhöht die Geschwindigkeit des permanenten Wandels und damit auch den Innovations- und Anpassungsdruck auf Unternehmen und nationale Infrastrukturen.

Der langfristige Unternehmenserfolg in einer dynamischen Welt voller Ungewissheiten hängt somit bei Weitem nicht nur von Optimierungsbemühungen vorhandener Produkte und Prozesse ab – obwohl natürlich auch dieser Aspekt insbesondere in defensiven Phasen seine Bedeutung hat. Er ist aber vor allem eine Funktion in Abhängigkeit eines geschickten und mutigen Umgangs mit Ungewissheit, die immer wieder Risiken, aber ebenso Chancen birgt. Im Mittelpunkt einer anspruchsvollen, modernen Managementtätigkeit muss daher der offensive Umgang mit Veränderungen und damit die Errichtung und Pflege einer Unternehmenskultur stehen,

---

[101] Friedrich A. von Hayek: Der Wettbewerb als Entdeckungsverfahren. In Freiburger Studien, Tübingen 1969, S. 249 – 265.

die Flexibilität und Kreativität begünstigt. Nur durch explorative Aktivitäten sowie eine aktive Anpassungsfähigkeit kann die Überlebensfähigkeit eines Unternehmens erhöht werden. Darwins Formel „Survival of the Fittest", also „Überleben der am besten Angepassten" ist – wie wir bereits sahen – nicht nur die Logik der biologischen, sondern auch der ökonomischen Evolution. Wobei sich Anpassung sowohl auf die Bedürfnisse der Kunden und Bürgerinnen bezieht, als auch auf Veränderungen der Rahmenbedingungen und die Nutzung neuer technischer Möglichkeiten.

Kommen wir zurück zur Problematik von Managerinnen und Managern, die ihr Handwerk vor dem Hintergrund des neoklassischen Paradigmas erlernt haben. Schließt man direkt an die Ergebnisse unserer Überlegungen zu einem realistischen Menschenbild an, so muss man zunächst festhalten, dass eine Gruppe umso stärker ist, je mehr Zusammenhalt (Gruppenkohäsion) sie besitzt. Management hat in den allermeisten Fällen ganz wesentlich mit dem Umgang und der Führung von Menschen zu tun, wozu es nicht zuletzt Vorstellungsvermögen, Menschenkenntnis und Einfühlungsvermögen bedarf. Wie und wohin und mit welchem Erfolg man das Personal – mitunter auch Stakeholder, also alle Anspruchsgruppen von Unternehmen – führt, hängt darüber hinaus vom Verständnis des Gesamtsystems ab, wozu insbesondere Kenntnisse über das jeweilige Fachgebiet, den relevanten Markt sowie die allgemeine politische, wirtschaftliche und gesellschaftliche Lage gehören. Führung in komplexen wirtschaftlichen und gesellschaftlichen Systemen bedeutet, eine mit Ungewissheiten behaftete Bewegungs- und Entwicklungsrichtung zu erkennen oder sogar vorzugeben und das Team, dem man vorsteht, erstens auf wohl überlegte Ziele einzuschwören und zweitens die individuell unterschiedlichen Potenziale der Gruppenmitglieder bestmöglich einzusetzen. Welche erfolgreichen historischen Führungspersönlichkeiten man auch immer betrachtet, sie alle waren in dieser Hinsicht mit bemerkenswerten Fähigkeiten ausgestattet – zum Guten wie zum Schlechten. Und das gilt nicht nur für politische Führungspersönlichkeiten, sondern ebenso für gemeinnützige Organisationen und nicht zuletzt für wirtschaftliche Unternehmerinnen in der Schumpeter´schen Bedeutung von Innovatoren, also Pionieren, die von den gewohnten „Pfaden" abweichen und neue Wege gehen.

Doch so aufschlussreich Schumpeters Analysen für das Verständnis unternehmerischer Führung auch sind und so hilfreich der Blick zurück in die Geschichte ist, sie geben nicht automatisch auf alle Fragen nach dem Management-Ideal für die Gegenwart und die Zukunft Antworten. Wir müssen darüber hinaus ergründen, worin die neuen Herausforderungen und Chancen einer Führung in liberalen, demokratisch und wirtschaftlich entwickelten Staaten bestehen. Ist Management im alten, also vornehmlich formal autoritären Stil noch eine angemessene und erfolgversprechende Führungsmethode? Warum und in welchem Ausmaß kann oder sollte Management auf eine intensiv hierarchische Methodik verzichten, die das Personal vor allem als untergeordnete Befehlsempfängerschaft nach militärischen und bürokratischen Hierarchieprinzipien, etwa im Sinne Max Webers Bürokratiemodell, sieht?

Gerade moderne Volkswirtschaften sind geprägt von Unternehmen, deren Wertschöpfung auf einer komplexen Organisation hoch spezialisierter Fachleute basiert. Gleiches gilt für viele Organisationen jenseits der Privatwirtschaft, wie staatliche Behörden, Gemeindeverwaltungen, Non-Profit- oder Non-Governmental-Organisationen. In all diesen Unternehmen und Organisationen gilt schon längst nicht mehr der Standard eines alten Handwerksbetriebs, wonach der Meister immer über alles am besten Bescheid weiß und im Zweifelsfall die beste Lösung bereithält. Die eigentliche Aufgabe von Managern in einem modernen Unternehmen kann folglich nur darin bestehen, die mitunter zahlreichen und unterschiedlichen Spezialisten auf einen gemeinsamen Weg zu führen, von dessen Ziel man im Vorhinein zwar eine Vorstellung (Vision) haben muss, jedoch im Detail niemals genau weiß, wie man dorthin gelangt und welchen Problemen und Hindernissen man letztendlich auf dem Weg noch begegnen wird.

Vor diesem Hintergrund besteht die Kunst eines erfolgreichen Managements aus den folgenden drei Elementen:

1. Zusammenführung der Kenntnisse und Fähigkeiten verschiedener Spezialisten.
2. Entwurf und Vermittlung von annehmbaren Arbeits- und Moralprinzipien.
3. Formulierung und Einschwören auf einen klaren Organisationszweck.

Hieraus ergibt sich ein Managementbild, das Führung und Kooperation nicht als Gegensatz, sondern als zu vereinbarendes Schlüsselprinzip versteht. Ich halte die Vereinigung von Führung und Kooperation für eine einfache, aber fundamentale Orientierungsformel, der man in Lehre und Praxis mehr Beachtung schenken muss.

Hier zeichnet sich in der aktuellen empirischen Entwicklung ein zarter Trend zu einem modernen Management ab, der sich derzeit widerspiegelt in einer „Googleisierung" der Organisationskulturen einiger Unternehmen – wie man es mit Bezug auf das innovative Management des Internetgiganten nennen könnte. Wenn man danach geht, wie oft in den letzten Jahren über diese Googleisierung geschrieben und gesprochen wurde, so sind wir sogar bereits mittendrin in dieser Entwicklung. Doch folgen den Lippenbekenntnissen längst nicht überall konsequente Taten. Oft handelt es sich nur um oberflächliche Modifikationen althergebrachter Praktiken. Selbst Google muss den Beweis der Nachhaltigkeit und Ernsthaftigkeit ihres Managementstils noch antreten. Jens Bergmann hat in seinem Buch „Business Bullshit" wunderbar analysiert, wie der angebliche Fortschritt von Managementmoden durch reine Worthülsen geprägt ist.[102] Die Zukunft wird zeigen, wie nachhaltig und tiefgreifend dieser Googleisierungstrend am Ende wirklich ist oder ob es sich nicht auch nur um alten Wein in neuen Schläuchen handelt.

Wie dem auch sei: Kluges Management muss sich zwangsläufig an einer spekulativen Zukunft orientieren und nicht allein an Erfahrungen der Vergangenheit. Doch wenn – wie ich in der vorliegenden Abhandlung argumentiere – die Zukunft entgegen üblicher Modellannahmen der Mainstreamökonomik nicht berechnet werden kann, hat das entscheidende Konsequenzen auf die Konzeption der Managementmethoden. Demnach ist es zwar nach wie vor notwendig, Ziele zu formulieren und Routen (Roadmaps) zu planen, von denen man annimmt, dass sie nach alldem, was zum Zeitpunkt des Entwurfs an Daten zur Verfügung steht, dorthin führen wird, was man erreichen will. Doch wird man niemals eine Blaupause und Erfolgsgarantie für einen solchen Plan erhalten – und das aus gutem Grund: Vieles in einer solchen Planung bleibt notwendigerweise Spekulation. Pläne beruhen stets nur auf Schätzungen, Thesen, Vermutungen, Hoffnungen und Befürchtungen. Sie werden begleitet von einem erheblichen Maß an subjektiven Erwartungen des Managements. Erwartungen kann man zwar in harte Zahlen gießen – z.B. Umsatzerwartungen, geschätzte Preis-, Konsum- oder Konjunkturentwicklung. Doch bleiben die Zahlen Spekulationen, die enttäuscht werden können und auch regelmäßig enttäuscht werden. Echte Gewissheit über alle relevanten zukünftigen Ereignisse gewinnt

---

[102] Jens Bergmann: Business Bullshit, 2021.

man durch die vorgegaukelte, vermeintliche Exaktheit von zahlengestütz-
ten Modellen ebenso wenig wie durch irgendeine andere Methode.[103] Gewissheit und allumfassende Berechenbarkeit bleiben in der Welt, in der wir
leben, eine Illusion, an die Managerinnen im alten Paradigma gerne glauben und krampfhaft daran festhalten – oft selbst dann noch, wenn die Erfahrungen früher oder später diesem Glauben widersprechen.

Auch unter optimistischen Annahmen darüber, was der Mensch unter Zuhilfenahme moderner digitaler Technologie des 21. Jahrhunderts kognitiv
zu leisten vermag[104], bleibt die Tatsache bestehen, dass unsere Spezies immer noch in einer Welt voller Ungewissheiten leben wird, in der nicht nur
die Eintrittswahrscheinlichkeiten vieler Ereignisse unberechenbar bleiben,
sondern nicht einmal alle Ereignisse, die eintreten könnten, zum Zeitpunkt
der Planung bekannt sind. Man spricht in diesen Fällen unvorhersehbarer
Ereignisse von „Schwarzen Schwänen". Der Begriff „Schwarzer Schwan"
ist in der wissenschaftstheoretischen Diskussion ein Synonym für nicht vo-
raussagbare oder jedenfalls wegen der extrem geringen Eintrittswahr-
scheinlichkeit nicht erwartete Ereignisse. Der US-amerikanische Wissenschaftler und Erfolgsautor Nassim Nicholas Taleb hat ein sehr erfolgreiches Buch mit dem Titel „Schwarze Schwäne" geschrieben, das eine Fülle
von Aspekten und Implikationen dieses Phänomens und der damit verbundenen Probleme und theoretischen Fehleinschätzungen beinhaltet.[105] Taleb
nennt als bekannte Beispiele große Weltereignisse wie den Ersten Welt-
krieg, die Machtergreifung Hitlers, die Auflösung des Ostblocks oder die

---

[103] Siehe im Abschnitt „Der Siegeszug der Neoklassik" die dargestellte Erkenntnis von
Keynes, deren sich die Mainstreamökonomik elegant entledigt hat.

[104] An dieser Stelle kommt natürlich die Frage auf, ob nicht mit zunehmender Leistungsfä-
higkeit künstlicher Intelligenz, die ja in rasendem Tempo stattfindet, dieses Argument an
Bedeutung verliert. Doch selbst wenn man hier durchaus riesige Fortschritte beobachten
kann, so führt dieser erwartete Fortschritt gemessen an der Fülle des Unberechenbaren noch
lange nicht zur vollständigen Berechenbarkeit der Welt, in der wir leben. Und wenn es denn
irgendwann in ferner Zukunft dennoch möglich wäre – was man ja genau genommen ebenfalls nicht wissen kann – so stellt sich die Frage, ob man in einer solchen Welt leben möchte
und ob Menschen dann nicht mit Widerstand darauf reagieren würden („Big brother is wat-
ching you"), was wiederum ein Ungewissheitsfaktor wäre. Diese durchaus bedeutende Thematik wird im Grunde unter dem Stichwort Datenschutz diskutiert, der sich nicht nur auf
personalisierte Daten bezieht.

[105] Nassim Nicholas Taleb: Der Schwarze Schwan, 6. Aufl. 2013.

Verbreitung des Internets genauso wie Modeerscheinungen, Epidemien oder auch Stilentwicklungen in der Kunst.[106] Aktuell sind die Corona-Pandemie und der Angriffskrieg Russlands auf die Ukraine wohl die eindrucksvollsten Beispiele für einen schwarzen Schwan, zumindest aus der Perspektive der meisten Menschen. Für Spezialisten war hingegen, insbesondere in Hinblick auf eine Pandemie, nur der Zeitpunkt ihres Auftretens ungewiss. Doch neben diesen gewaltigen Überraschungen gibt es auch schwarze Schwäne in kleinerem Format. Jeder kennt sie aus persönlichen Erfahrungen: Krankheit, Unfalltod eines Angehörigen, plötzlicher Arbeitsplatzverlust und vieles mehr.

Taleb, sowohl ein Anhänger des kritischen Rationalismus´ Karl Poppers als auch ein praxiserfahrener ehemaliger Finanzmathematiker, stellt sogar die These auf, dass Ungewissheit die eigentliche Disziplin empirischer Entscheider sei und, „dass es das höchste und dringendste Vorhaben des Menschen ist zu verstehen, wie wir angesichts von unvollständigen Informationen handeln müssen."[107] Das ist eine sehr klare Aussage eines Profis in Praxis und Theorie. Sie passt nahtlos zu unseren Thesen. Im Standardprogramm der allermeisten Hochschulen[108] (insbesondere im Bachelorstudium) werden hingegen nach wie vor ökonomische Modelle gelehrt, zu deren Annahmen explizit die Prämisse der „vollständigen Informationen" und ihrer rationalen Verarbeitung gehört. Hierdurch werden die zentralen Herausforderungen des Managements im Sinne Talebs geradezu wegdefiniert. Es ist somit kein Wunder, wenn viele Manager mit Ungewissheit nicht umgehen können und stattdessen permanent nach besseren Kontrollmöglichkeiten suchen. Doch sie werden die gewünschte Kontrolle niemals erreichen. Stattdessen wird in regelmäßigen Abständen eine „neue Sau durch´s Dorf getrieben", die angeblich Verbesserung verspricht. Doch im Grunde bleibt alles beim Alten.

Allein die Tatsache, dass Menschen – insbesondere in freiheitlichen Gesellschaften – in all ihren Entscheidungen und Handlungen mitunter große

---

[106] Nassim Nicholas Taleb: Der Schwarze Schwan, 6. Aufl. 2013, S. 2.

[107] Nassim Nicholas Taleb: Der Schwarze Schwan, 6. Aufl. 2013, S. 81.

[108] Mir liegt keine objektive Statistik hierzu vor. Mein subjektiver Erfahrungsbereich bezieht sich dabei vornehmlich auf deutsche Universitäten und Hochschulen. Allerdings sind mir auch Beispiele aus anderen Ländern und Kontinenten bekannt.

Spielräume haben, die niemals sicher prognostizierbar sind, macht es unmöglich, soziale Prozesse im strengen Sinne zu berechnen und zu kontrollieren. Die soziologische Systemtheorie in der Tradition Talcott Parsons und Niklas Luhmanns spricht im Zusammenhang mit dieser speziellen Unberechenbarkeit menschlichen Handelns von „Kontingenz", der prinzipiellen Offenheit und Ungewissheit individueller Lebenserfahrung. In der Begegnung zweier Individuen besteht dann sogar eine sogenannte „doppelte Kontingenz", die nicht logisch auflösbar ist und genau deshalb „Soziale Systeme" begründet. „Soziale Systeme", so Luhmann, „entstehen jedoch dadurch (und nur dadurch), daß beide Partner doppelte Kontingenz erfahren und daß die Unbestimmtheit einer solchen Situation für beide Partner jeder Aktivität, die dann stattfindet, strukturbildende Bedeutung gibt."[109] Durch Beobachtung der jeweils anderen Prozesse von Versuch und Irrtum (trial & error) entsteht mit der Zeit also eine so genannte „emergente Ordnung", die Luhmann "soziales System" nennt.

Die Existenz von unvermeidbarer Ungewissheit zu akzeptieren, bedeutet aber nicht, sich ziellos zu verhalten. Menschen brauchen für ihre Entscheidungen und ihr Handeln Orientierungspunkte, und sie werden sie stets einfordern. Sie vermischen sich mit subjektiven Erwartungen. John Maynard Keynes, der die Bedeutung von Erwartungen in seiner Kritik an der damals und im Grunde noch heute herrschenden Theorie erkannt hatte, zog aus dieser Einsicht eine nachvollziehbare Schlussfolgerung für die Wirtschaftswissenschaften, welche aber von den meisten seiner Jünger, allen voran Paul Samuelson, leider nicht beherzigt wurde. Sie lautet: „Sobald man mit dem Einfluß von Erwartungen oder vergänglichen Erfahrungen konfrontiert ist, ist man, nach Lage der Dinge, jenseits des Bereichs des formal Exakten."[110] Zwar schaffen subjektive Erwartungen, indem sie Entscheidungen beeinflussen, in der Summe eine Realität. Doch ist diese ex ante, also im Vorhinein, niemals berechenbar. Keynes gab in seiner berühmten „General Theory" zu bedenken, dass „menschliche Entscheidungen, welche die Zukunft beeinflussen, ob persönlicher, politischer oder wirtschaftlicher Art, sich nicht auf strenge mathematische Erwartungen

---

[109] Niklas Luhmann: Soziale Systeme, 1984, S. 154.

[110] John Maynard Keynes: The General Theory and After, Part II, Collected Writings Vol. XIV, S. 2. Zitiert bei Brodbeck (2013) S. 99.

stützen können, weil die Grundlage für solche Berechnungen nicht besteht".[111] Es ist bemerkenswert, dass solche eindeutigen Einschätzungen
einer der namhaftesten Ökonomen aller Zeiten keine nachhaltigen Auswirkungen auf das Grundlagenprogramm der Wirtschaftswissenschaften
hatte.

Sollten Zahlen also keine Rolle für Ökonomie und Management spielen?
Soweit sollte man nicht gehen. Zahlen spielen beim Wirtschaften immer
eine Rolle. Ex post, also im Nachhinein, lassen sich natürlich nützliche
Kennzahlen berechnen. Doch sind diese letztendlich nur komprimierte Er-
gebniswerte, die bestenfalls dokumentieren, wie erfolgreich die Unternehmung oder Volkswirtschaft in der Vergangenheit war. Klug und umsichtig
interpretiert dienen sie der systematischen Kontrolle dessen, was man wie
erreicht hat. In dieser Ex-post-Kontrollfunktion sind sie wichtig, weil sie
davor warnen können, wenn man sich in die falsche Richtung bewegt, sowie eine Bestätigung geben, wenn man „vermutlich" richtigliegt. Doch
vermögen sie niemals zu klären, ob man ein „Maximum", „Minimum" o-
der „Optimum", wie es im ökonomischen Lehrbetrieb und der Managementpraxis in allen Variationen kommuniziert wird, erreicht hat. Die inhärente Ungewissheit darüber, ob in einem komplexen Geflecht von Ereignissen und Akteuren nicht mehr drin gewesen wäre, bleibt notwendigerweise ebenso bestehen, wie die Möglichkeit, dass sich mittel- oder langfristig negative Effekte aus einem kurzfristigen Erfolg ergeben, ein kurzfristiger Erfolg also auf Kosten einer langfristigen Erfolgsgeschichte er-
kauft wird. Gleiches gilt umgekehrt, dass also kurzfristig negative Effekte
langfristig sehr positive Auswirkungen nach sich ziehen können, was im
klassischen Fall kostspieliger, aber wertvoller innovativer Investitionen
der Fall sein kann.

Kennzahlen sagen meist wenig darüber aus, durch welche Maßnahmen sie
im Detail zustande gekommen sind. Auch in der nachträglichen Interpretation führt kein Weg an Spekulationen über die Erfolgs- oder Misserfolgs-
faktoren vorbei. Man denke nur an die langwierigen Analysen von politischen Parteien nach Wahlen oder an das frühe Ausscheiden einer amtie-
renden Weltmeistermannschaft beim Fußball. Ähnlich verhält es sich auch
im wirtschaftlichen Bereich. Für die Analyse komplexer sozialer Systeme

---

[111] John Maynard Keynes: Allgemeine Theorie der Beschäftigung, des Zinses und des Geldes, Berlin 1983, Nachdruck der 1936 erschienen ersten Auflage.

können keine strengen, wiederholbaren Versuchsanordnungen, wie man sie aus der Physik oder Chemie kennt, gemacht werden. Anders als in den Modellen der Mainstreamökonomik, wo man durch mathematische Partialanalysen ablesen kann, wie ein Ergebnis ausfallen würde, wenn man unter kontrollierten Bedingungen ausschließlich einzelne Parameter verändert, erlaubt die „historische Zeit", also der geschichtliche Zeitverlauf, keinen eindeutigen empirischen Vergleich zweier oder mehrerer Handlungsalternativen. Schon Heraklit bemerkte, dass sich alles im Fluss befindet und man deshalb nicht zweimal in denselben Fluss steigen könne. Das mag eine bedauernswerte, aber zu akzeptierende Einschränkung sozialwissenschaftlicher gegenüber den Möglichkeiten naturwissenschaftlicher Forschung sein. Sie lässt zudem stets Raum für die Entstehung von nicht widerlegbaren Thesen und Ideologien.

Das Problem besteht in der Identifizierung aller Einflussfaktoren in einer bestimmten Situation historischer Zeit. Historiker versuchen, diese im Rückblick zu ermitteln, was ihnen mal besser, mal schlechter gelingt und häufig nach einiger Zeit wieder revidiert werden muss. Das ist meist ein langwieriger und kontroverser Prozess, in dem man nicht selten auf der Grundlage unterschiedlicher Thesen und Vermutungen zu konfligierenden Ergebnissen kommt. Wenn man nun aber selbst in der Ex-post-Analyse wenigstens zum Teil auf Vermutungen angewiesen ist, dann ist es naheliegend, dass auch die Schlussfolgerungen aus Erfahrungen wiederum stark vom herrschenden Paradigma und darin enthaltener Grundüberzeugungen der Urteilenden beeinflusst werden. Man tendiert typischerweise dazu, solche Faktoren zu identifizieren oder überzubewerten, die zur verinnerlichten herrschenden Theorie passen. Die Versuchung, das Nichterklärbare durch so genannte Ad-hoc-Thesen – also spontane, mitunter nicht widerlegbare Annahmen – abzudecken, ist groß und oftmals auch die einzige Möglichkeit, historische Ereignisse überhaupt sinnvoll zu interpretieren. Das trägt bedauerlicherweise zur Veränderungsträgheit eines Paradigmas bei.

Die weit verbreitete und durch akademische Institutionen stabilisierte neoklassische Managementkultur hält einen entsprechenden Interpretationsrahmen bereit, der immer wieder dieselben Schlussfolgerungen nahelegt: Errechnen, Festlegen und Einfordern von Maxima, Minima und Optima. Das ist kein ungewöhnliches Verhaltensmuster für „Glaubensgemeinschaften". Doch wer wissenschaftlich vorgehen und sich in rationaler Weise tatsächlich an der Realität orientieren will, muss erkennen, dass es sich hierbei entgegen vorherrschender Meinung keinesfalls um harte Fakten handelt, sondern lediglich um Schlussfolgerungen, die sich aus einem apriorischen Wissen[112] ableiten. Hier bewegt man sich in einem selbstreferentiellen, also einem sich selbst reproduzierenden System. Das blockiert einen Paradigmenwechsel und den Anpassungsprozess, der nötig ist, um sowohl neue wirtschaftliche Potenziale freizusetzen, als auch eine glücklichere und funktionstüchtigere Gesellschaft zu ermöglichen.

Die Ergebnisse, welche die gebräuchlichen Kennzahlen widerspiegeln, sind Zeitpunkt bezogene Schnappschüsse. Ihnen liegen aber komplexe, dynamische Prozesse zugrunde, die vor allem soziale Zusammenhänge betreffen, innerhalb und außerhalb einer Organisation. In einer modernen Gesellschaft mit tief gegliederter Arbeitsteilung, wo eine Vielzahl und Vielfalt von Spezialisten komplexe Wertschöpfungsprozesse aufbauen, und ständige Veränderungen sowohl gesetzlicher und technologischer Rahmenbedingungen als auch der Kundenpräferenzen und des Verhaltens von Konkurrenten permanente Anpassungen verlangen, stößt ein Management, das sich maßgeblich an Kennzahlen und bezifferbaren Leistungen orientiert, schnell an seine Grenzen. Die meisten Erfolgsfaktoren, die man normalerweise nicht einmal vollständig identifizieren kann, sind gar nicht direkt messbar. Niemand wusste das besser als der weltweit einflussreichste Pionier des Qualitätsmanagements William Edwards Deming. Er mahnte einst: „Man kann nur drei Prozent dessen messen, was wichtig ist." [113] Deming war von Haus aus Physiker und Statistiker, Berufe, denen Zahlen eigentlich sehr nahestehen. Umso ernster sollte man seinen demütigen Hinweis nehmen.

---

[112] Von der neueren Verwendung abgeleitet bezeichnet apriorisches Wissen ein Wissen, das von Erfahrung unabhängig ist. Im Unterschied dazu steht empirisches oder erfahrungsabhängiges Wissen, das insbesondere durch eigene sinnliche Wahrnehmung gewonnen wurde.

[113] Zitiert bei Peter M. Senge: Die fünfte Disziplin. Kunst und Praxis der lernenden Organisation. 11. Aufl., 2017. S. 4

VIII.   Die unheilvolle Überschätzung der Steuerungsmacht

Einer der wichtigsten Vertreter des Liberalismus im 20. Jahrhundert, der Ökonom, Sozialphilosoph und Wirtschaftsnobelpreisträger Friedrich August von Hayek, prägte innerhalb seiner Sozialismuskritik den Begriff von der „Anmaßung des Wissens"[114]. Hiermit identifizierte Hayek die ökonomische Achillesferse sozialistischer Regime. Er kritisierte damit nicht nur auf ethischer Ebene deren freiheitsberaubende Gesellschaftsordnung[115], sondern prognostizierte auf dieser Grundlage den zwangsläufigen wirtschaftlichen Niedergang des Sozialismus.[116]

Der eindrucksvolle Zusammenbruch sozialistischer Systeme in den 1980er Jahren bestätigte Hayeks Thesen. Das „Ende der Geschichte", wie es Francis Fukuyama[117] seinerzeit bewusst provokant formulierte, war das aber nicht. Es gibt neben anderen bitteren Erfahrungen auch wieder berechtigte Kapitalismuskritik, die zumindest ein Ablassen vom heute so bezeichneten „Neoliberalismus" – gemeint ist vor allem eine zu wenig kontrollierte Finanzwirtschaft – einfordert. Allerdings betreibt die westliche Welt ohnehin eine Art Mischform aus Kapitalismus und Sozialismus und keinesfalls den Kapitalismus in Reinform, ein Befund, auf den bereits Schumpeter zu seiner Zeit hinwies. Heute ist nicht abzusehen, ob und in welcher Ausprägung unser Wirtschaftssystem weitere Modifikationen oder gar Umwälzungen erfahren wird. Die Warnung Hayeks, nicht in die Falle der Wissensanmaßung zu tappen, sollte aber stets beherzigt werden. Und diese Warnung gilt – wie ich meine – nicht nur für ganze Volkswirtschaften. Übersehen wird häufig, dass bereits im Bereich von großen Unternehmen und auch anderen

---

[114] Friedrich A. v. Hayek: Die Anmaßung von Wissen, in: Ordo, Band 26, 1973, S. 12–21.

[115] Siehe hierzu insbesondere Friedrich A. v. Hayek: Der Weg in die Knechtschaft, Erlenbach 1943; Friedrich A. v. Hayek: Die Verfassung der Freiheit, Tübingen 1971.

[116] Hayeks diesbezügliche Arbeiten stehen in engem Zusammenhang mit den Lehren der „Freiburger Schule", deren herausragende Persönlichkeit Walter Eucken war. Eine von Euckens Basisthesen ist die „Interdependenz der Ordnungen", womit er zum Ausdruck brachte, dass insbesondere die Politik-, Wirtschafts- und Sozialordnung nicht losgelöst voneinander konzipiert werden können. Hayek lehrte auch in den 1960er Jahren an der Freiburger Universität. Aus dieser Zeit stammt seine bekannte Aufsatzsammlung „Freiburger Studien" (1969). Der gebürtige (1899) Österreicher starb 1992 in Freiburg im Breisgau.

[117] Francis Fukuyama: Das Ende der Geschichte, München 1992.
Der Begriff von Fukuyama tauchte im englischen Original erstmalig 1989 in dem Artikel „The end of history?" in der Zeitschrift The National Interest auf.

Organisationen das Phänomen von der Anmaßung des Wissens zu beobachten ist und dort zum Teil erhebliche Innovations- und Anpassungs-
defizite sowie Effizienzverluste hervorruft.

Auch wenn die vorliegende Abhandlung nicht dem Vergleich der beiden
wirtschaftlichen Lenkungssysteme [118] Sozialismus versus Kapitalismus
dienen soll, so lassen sich doch ganz grundsätzliche Erkenntnisse aus dieser ausführlich erforschten Thematik für unsere Fragestellung gewinnen.
Es geht konkret um Folgendes: Trotz der Tatsache, dass wir in einer Welt
voller Ungewissheiten leben und viele Faktoren, die letztlich zum Erfolg
führen, weder exakt messen, noch die Zukunft auch nur halbwegs sicher
prognostizieren können, ist eine arbeitsteilig haushaltende Gesellschaft
dennoch auf Wirtschaftspläne mit Zahlenwerken angewiesen – mögen sie
auch noch so ungenau und spekulativ sein. Wenn Hayek also von der Anmaßung des Wissens spricht, so leugnet er keinesfalls, dass jede Wirt-
schaftseinheit, Unternehmen wie Haushalt, gut daran tut, einen Plan auf-
zustellen. Planen gehört selbstverständlich zum Wirtschaften. Doch Pläne
sind nicht gleichbedeutend mit Fakten. Und die darin gesetzten Annahmen
spiegeln kein gesichertes Wissen. Die Qualität eines Plans hängt zwar von
der Kompetenz und Sorgfalt derer ab, die ihn aufstellen. Aber ob ein Plan
tatsächlich aufgeht, wird sich erst zeigen, wenn die nicht berechenbaren
Faktoren sich als glücklich prognostiziert erwiesen haben sowie keine
„schwarzen Schwäne" gelandet sind.

Natürlich gilt das Gebot, Fehler bei Recherchen, Statistikauswertungen
und logischen Schlussfolgerungen zu vermeiden und bekannte Einflussfaktoren angemessen zu berücksichtigen. Doch braucht es bei den unver-
meidbar spekulativen Planelementen immer auch das Glück, nicht, oder
jedenfalls nicht weit danebengelegen zu haben. Ein Energieversorger kann
beispielsweise zu einem bestimmten Zeitpunkt, wenn die Preise für Kohle,
Erdöl oder Erdgas gesunken sind, sich reichlich damit bevorraten. Ob der
Einkauf wirtschaftlich war, wird sich aber erst herausstellen, wenn erstens
die Heizperiode aufgrund des tatsächlichen Wetterverlaufs den Vorrat
auch brauchte, und sich zweitens offenbart, dass die Beschaffungspreise

---

[118] Siehe zu diesem gut erforschten Thema insbesondere die Arbeiten von K. Paul Hensel
sowie vieler anderer Autoren, die mit der von Hensel gegründeten „Forschungsstelle zum
Vergleich wirtschaftlicher Lenkungssysteme an der Phillips-Universität Marburg" gearbei-
tet haben oder mit ihr verbunden waren. Sie alle stehen in der Tradition von Walter Euckens
„Ordo-Liberalismus".

zu einem späteren Zeitpunkt nicht entgegen den Erwartungen weiter sanken. Planen sollte folglich immer von der Erkenntnis begleitet werden, dass es am Ende anders kommen kann als gedacht. Nicht um emotionale Enttäuschungen zu vermeiden, sondern um darauf mit Alternativen oder Reserven vorbereitet zu sein. Die Erkenntnis, nicht alles Notwendige berechnen zu können, sollte also Auswirkungen auf die Managementstrategie haben. So wie irrtümlicherweise von sozialistischen Regimen die Zentralplanwirtschaft nicht zuletzt deshalb der dezentralen Marktwirtschaft überlegen erscheinen konnte, weil die Berechenbarkeit und Möglichkeiten der Wissenszentralisierung maßlos überschätzt wurden, können auch Managementstrategien in Unternehmen und sämtlichen anderen Organisationen unter dieser Fehleinschätzung scheitern.

In der Argumentation Hayeks geht es interessanterweise also weniger um die in diesem Zusammenhang oft bemühte Leistungsfeindlichkeit des sozialistischen Systems, als vielmehr um die Grenzen des Informationsflusses und -verarbeitung sowie den Umgang mit Ungewissheit. Meist wird allein der fehlende ökonomische Anreiz für den Einzelnen für die Dysfunktionalität des sozialistischen Systems verantwortlich gemacht. Diese Erklärung passt zwar sehr gut zum neoklassischen Menschenbild Homo oeconomicus. Ob das aber der entscheidende Faktor für das Versagen sozialistischer Systeme war, muss mittlerweile vor dem Hintergrund der modernen Motivationsforschung neu bewertet werden. Klar ist hingegen, dass die rationale Überforderung in einer Welt voller Ungewissheiten weder zum neoklassischen Homo oeconomicus noch zu der These, man könne erfolgreich Zentralpläne aufstellen, passt.

Wir können hieraus eine allgemeine soziologische Lehre ziehen, die ungefähr wie folgt lautet: Breit verteiltes Wissen über sich permanent verändernde Daten, Möglichkeiten, Grenzen, Präferenzen, Fähigkeiten und Bedürfnisse können nicht im befriedigenden Umfang und zeitnah zentralisiert werden. Sie können folglich auch nicht durch autoritäre Instanzen detailgerecht und angemessen koordiniert werden. Das liegt zum einen an einer informationstechnischen Überforderung. Zum anderen aber auch daran, dass Menschen einen freien Willen haben und sich zudem häufig strategisch verhalten sowie nur unter bestimmten Bedingungen bereit sind, persönliches Wissen und Präferenzen umfangreich preis- und weiterzugeben. Dieses Prinzip kann man für jedes komplexe soziale System, also auch auf Unternehmen und jede andere Art von Organisation anwenden. Dabei gilt,

je breiter das Wissen verteilt ist – was sowohl von der Anzahl der Menschen (Quantität) in einem System als auch dem Grad ihrer Unterschiedlichkeit (Heterogenität) bezüglich Funktion und Spezialisierung abhängt –
desto unbefriedigender sind die Ergebnisse einer autoritären Lenkung.

In einer Zeit, in der wir gigantische Fortschritte in der Entwicklung künstlicher Intelligenz machen und Computer entwickeln, die zu Zeiten Hayeks
unvorstellbare Rechenleistungen vollbringen, liegt die Vermutung nahe,
dass das Argument von der nicht zu bewältigenden Informationsbeschaf-
fung und Informationsverarbeitung schon bald überholt sein wird. Man
denke nur an "Big Data". Obwohl man einiges, was diesem möglichen Ein-
wand zugrunde liegt, ernst nehmen muss und auch diesbezüglich niemand
sagen kann, was uns die Zukunft tatsächlich bescheren wird, mahne ich
dennoch aus folgenden Gründen zur Skepsis. Erstens wären mit dieser Entwicklung schwerwiegende ethische Probleme verbunden, wie der Blick
nach dem Kontrollstaat China bereits zeigt. Die Frage, ob die damit verbundene Transparenz wünschenswert ist oder berechtigte soziale Widerstände provozieren würde, bleibt zunächst ungeklärt. Zweitens sind Algo-
rithmen – worauf unter anderen Jens Bergmann verweist – nicht in der
Lage Kausalitäten zu erkennen, sondern lediglich Korrelationen.[119] Auch
das lässt somit noch genügend Raum für Spekulationen, unterschiedliche
Thesen und persönliche Überzeugungen, was die marktwirtschaftlichen
Trial-and-Error-Prozesse einer liberalen Gesellschaft nicht überflüssig
macht.

Die These von den Grenzen der Zentralisierbarkeit kann zwar als ein allgemeines soziologisches Gesetz verstanden werden. Doch wo die Grenzen
der exakten Steuerung einer zentralen Leitungsinstanz verlaufen, hängt
hauptsächlich von der Größe der Organisation und der Komplexität des
jeweiligen Wertschöpfungsprozesses ab. Generell lässt sich sagen, dass
Organisationen umso schwieriger zu steuern sind, je größer sie werden und
je komplexer, aufwendiger und vielfältiger ihr Leistungsangebot ist. Große
Konzerne kennen dieses Problem nur allzu gut und ziehen gelegentlich sogar die Konsequenz daraus, indem sie Teile des Unternehmens verkaufen
oder diese zumindest in den Status der Eigenverantwortlichkeit entlassen.

---

[119] Jens Bergmann: Business Bullshit, Managementdeutsch in 100 Phrasen und Blasen,
Berlin 2021. S. 41.

Doch die Problematik tritt nicht nur bei großen Konzernen und börsenno-
tierten Aktiengesellschaften auf, sondern auch bei mittelständischen eigen-
tümergeführten Unternehmen, wenn diese aufgrund großen Erfolges rasch
wachsen. So geht der Wachstumserfolg eines Mittelständlers normalerweise auf eine außerordentliche innovative Initiative des Gründers, einer
visions- und durchsetzungsstarken Person, zurück. Persönlichkeiten dieses
Formats – Schumpeter nennt sie, wie wir oben sahen, „Unternehmer" –
fällt es typischerweise sehr schwer, die starke Kontrolle, die sie als Pionier
noch zu Beginn in hohem Maße und mit großem Erfolg ausübten, in späteren Wachstumsstadien abzugeben. Das gilt selbst dann, wenn das aus objektiver Sicht dringend geboten ist. Schließlich hat der Einsatz der innovativen Protagonisten den Unternehmenserfolg erst möglich gemacht. Wenn
das Unternehmen durch den anfänglichen persönlichkeitsgetriebenen Erfolg auf eine unübersichtlichere Größe angewachsen ist, verlangt das jedoch eine Veränderung des Führungs-und Entscheidungsstils – hin zu
mehr Freiräumen für die jeweiligen Spezialisten und der Überlassung von
mehr Verantwortungen an das nachgeordnete Management, Ressortführer
und geeignete Nachfolger.

Man darf darüber hinaus auch Folgendes nicht vergessen: Die erste wirklich große Organisation der Menschheitsgeschichte, die ein durchdachtes
Führungskonzept benötigte, war das Militär. Hier wurden ausgeprägte Hierarchien mit Respekt einflößenden Titeln entwickelt und auf der Grundlage
von strengen Befehlsketten bedingungsloser Gehorsam von oben nach un-
ten erwartet. Eigenständiges Denken war auf den jeweils untergeordneten
Hierarchieebenen unerwünscht, ja geradezu verboten. Dieses Prinzip hat
lange Zeit funktioniert, wahrscheinlich deshalb, weil die Leistungen, die
man von den Soldaten erwartete, im Allgemeinen von geringer Komplexität sowie deren Rechte sehr beschränkt waren. Gleiches gilt für die Skla-
venarbeit sowie allgemein für rechtlose Arbeiter während der industriellen
Revolution. Soldaten, Sklaven oder Fabrikarbeiter waren leicht ersetzbar,
und deren Leben besaßen bei der führenden Schicht kaum einen eigenen
Wert. Der Mensch wurde vielmehr wie eine Ressource behandelt, die mit
der Zeit im Produktionsprozess aufgeht wie Energie spendende Kohle. Das
ist heute in liberalen Gesellschaften zum Glück anders. Doch spiegelt sich
selbst hier in der üblichen Terminologie der Mainstreamökonomik das alte,
verächtliche Menschenbild wider, wenn man ganz selbstverständlich von
„Human Resources" spricht. Man sollte diesen Begriff aus dem Fachvoka-
bular streichen und ihn am besten durch Humanvermögen ersetzen oder

sich wenigstens auf den verbreiteten Terminus Humankapital beschränken.[120]

Auch das erfolgreiche preußische Beamtentum fußte auf dem militärischen Hierarchieprinzip. Positiv daran ist, dass auf diese Weise persönliche Willkür in der Amtsausübung eingedämmt werden konnte, auch wenn innerhalb streng standardisierter Verwaltungsverfahren andere Probleme auftraten, wie etwa Inflexibilität, Verantwortungsverfall und teilweise auch Verschwendung durch Ineffizienz. Doch funktioniert dieses Führungsprinzip heute nicht mehr überall und keinesfalls mehr im selben Maße. In einer hochkomplex organisierten, egalitären Gesellschaft, in der man zum einen auf weit weniger austauschbare Angestellte angewiesen ist und zum anderen auch aus ethischen und rechtlichen Gründen deren Wünsche und Bedürfnisse viel stärker berücksichtigen muss, sind sture Befehlsgewalt und bedingungsloser Gehorsam nicht mehr die adäquaten Grundsätze. Das gilt vor allem in der Wirtschaft. Mit einem wachsenden Stammpersonal und fortschreitender Diversifizierung der Leistungsfelder eines Unternehmens erhöht sich die Komplexität der Organisationsordnung und damit auch der Schwierigkeitsgrad zentraler Steuerung. Managerinnen müssten auf eine solche Entwicklung reagieren, indem sie mehr und mehr auf allzu konkrete Anordnungen verzichten und sich stattdessen auf abstraktere Vorgaben beschränken. Sie müssen die Suche nach den besten Lösungen unter den Spezialisten moderieren und unter dem Eindruck vielfältiger Einblicke und Beratungen ausgewogene Entscheidungen treffen. Doch obwohl es immer wieder gerade in jüngster Zeit vereinzelte positive Beispiele gibt, bleibt eine Veränderung in diese Richtung auf breiter Ebene bislang aus. Und selbst unter optimistischer Einschätzung wird das wohl auch noch einige Zeit so bleiben. In dem Maße, in dem Manager am alten Paradigma und damit eben auch am Prinzip einer zentralen Feinsteuerung festhalten, werden sie jedoch zunehmend scheitern. Und in dem Maße, wie sich die hier

---

[120] „Humanvermögen", als das geistige, körperliche und charakterliche Potenzial, das ein Mensch in den Produktionsprozess einbringt, ist allein deshalb „Humankapital" vorzuziehen, weil dies dem bilanzlogischen Konzept der doppelten Buchführung entspricht. Hier steht das Potenzial als „Vermögen" dem „Kapital" als Erinnerungsposten, womit es gebunden wurde, gegenüber. Dass es nicht in der betrieblichen Bilanz auftaucht, obwohl es bei den meisten Unternehmen wahrscheinlich der wertvollste Vermögensanteil darstellt, ist allein der Tatsache geschuldet, dass Humanvermögen in einer liberalen Gesellschaft sich immer im Besitz des jeweiligen Menschen befindet. Dessen sollte man sich gerade als Manager stets bewusst sein.

dargelegte Erkenntnis über diesen Zusammenhang verbreitet, werden sie auch für das Scheitern verantwortlich gemacht. Hayeks Resümee in seiner „Theorie komplexer Phänomene"[121] lautet denn auch:

„ (...) je komplexer eine Ordnung ist, die wir anstreben, desto mehr sind wir für ihre Herstellung auf spontane Kräfte angewiesen und desto mehr wird infolgedessen bei ihrer Verwirklichung die realisierbare Macht der Lenkung auf abstrakte variable beschränkt sein und sich nicht auf die konkreten Manifestationen dieser Ordnung erstrecken können. "[122]

Diese These zum Thema „Lenkungsmacht" ist ebenso tiefgreifend wie weitreichend und fordert Konsequenzen für das Selbstverständnis von Managern. Nun könnte man auf die Idee kommen, dass Unternehmen, verstanden als hierarchische Inseln innerhalb marktwirtschaftlicher Ordnungen, aufgrund des eben Gesagten per se kontraproduktive Institutionen sind. Warum, so könnte man fragen, finden dann nicht alle wirtschaftlichen Interaktionen über Märkte und damit über viele dezentrale Pläne statt? Doch auf die Frage, warum vor dem Hintergrund der prinzipiellen Überlegenheit des Prinzips spontaner Ordnung Unternehmen überhaupt existieren und nicht jeder mit jedem freien Handel betreibt, erklärt man seit den Arbeiten des wirtschaftswissenschaftlichen Nobelpreisträgers Ronald Coase folgendermaßen.[123] Manche Transaktionen sind innerhalb einer hierarchisch aufgebauten Unternehmung kostengünstiger durchzuführen als über den Markt. In den Wirtschaftswissenschaften spricht man von „Transaktionskosten". Gemeint sind Informations-, Such-, Verhandlungs- und Kontrollkosten. Sie fallen in jeweils unterschiedlichem Ausmaß sowohl innerhalb von Hierarchien als auch bei der Nutzung von Märkten an. Ihre Höhe ist ein wichtiger Faktor bei Entscheidungen über die vertikale Integration beziehungsweise Desintegration von Leistungen innerhalb einer Wertschöpfungskette („Make-or-buy"). Die Differenz der Transaktionskosten beider Alternativen, „selbstmachen" oder über den Markt „einkaufen", können allerdings meist nicht exakt ermittelt werden. Auch sie unterliegen, wenigstens in einem gewissen Maß, der (subjektiven) Spekulation

---

[121] Friedrich A. von Hayek: The Theory of Complex Phenomena; in: M. Bunge (Hrsg.), The Critical Approach. Essays in Honor of Karl Popper, New York 1963.

[122] Friedrich A. von Hayek: Arten der Ordnung;.Freiburger Studien, Tübingen 1969, S. 33.

[123] Ronald H. Coase: The Nature of the Firm, 1937. Ab Mitte der 1970er Jahren war ein wesentlicher Vertreter dieses Transaktionskostenansatzes zur Erklärung vertikaler Integration Oliver E. Williamson, insbesondere durch das Buch: Markets and Hierarchies,1975.

und einem Trial-and-Error-Prozess. Doch lässt sich grundsätzlich festhalten, dass bei wachsenden Organisationen eine ansteigende Komplexität der Ordnung eintritt, die eine gewichtige Rolle bei solchen Entscheidungen spielt. Und weil die Gestaltung sozialer Prozesse eine zentrale Aufgabe des Managements ist, sind die Transaktionskosten, insbesondere im Bereich der Informations- und Kontrollkosten, unter anderem davon abhängig, wie gut es dem Management gelingt, einen hohen Motivationsstatus im Personal zu verankern. Mit so genannten „Bonussystemen" wird das jedoch niemals gelingen. Sie gehören – das mag im ersten Moment schockieren – in die wirklichkeitsfremde Welt der Mainstreamökonomik. Wir werden gleich noch darauf zurückkommen.

In hoch entwickelten Volkswirtschaften existieren Unternehmen und viele andere Organisationen vor allem vom Wissen und den Fähigkeiten ihrer Belegschaft. Ihr größtes Vermögen ist das gebündelte und klug verknüpfte Know-how der Belegschaft. Doch mag dieses Vermögen in den Köpfen des Personals auch noch so wichtig für Unternehmen sein, es taucht in den Bilanzen nicht auf. Und das hat seinen guten Grund. Wissen und Fähigkeiten der einzelnen Mitarbeiterinnen und Mitarbeiter gehören anders als etwa Maschinen nicht dem Unternehmen, sondern allein dem jeweiligen Individuum. Lediglich die Produkte, Dienstleistungen und deren Erlöse, die durch die erkauften Arbeitsleistungen entstanden sind, werden dem Unternehmen zugemessen.

Eine der großen Herausforderungen für das zeitgenössische Management ist es daher, das persönliche Wissen und die Fähigkeiten der Teammitglieder in den Wertschöpfungsprozess zu lenken, in gemeinsamer Anstrengung zusätzliches Wissen zu produzieren und neue Möglichkeiten des produktiven Einsatzes zu generieren. Hier bekommt das Thema Motivation eine neue Bedeutung, die sich vom alten Paradigma erheblich unterscheidet. Es ist eben – wie viele Berufstätige aus Erfahrung wissen – überhaupt nicht selbstverständlich, als Angestellter bereitwillig den vollen Umfang seines persönlichen Wissens und seiner Fähigkeiten in den Dienst der Unternehmung zu stellen. Hierzu bedarf es einer ausgeprägten innerlichen Motivation, welche im alten Paradigma nicht vorkommen. Dort wird ausschließlich in Form monetärer Anreize argumentiert. Dies folgt derselben Logik, nach welcher Kapitalgeber an der Börse entscheiden. Doch deren Einsatzbereitschaft ist ganz anderer Natur und nicht in einen sozialen Kontext eingebunden. Das Motiv, an der Börse Geld in ein bestimmtes Unternehmen oder Branche zu investieren, ist ein vollkommen anderes, als sein

Wissen und Engagement tagtäglich in eine Organisation einzubringen. Ohne sich gleich einer vertragswidrigen Leistungsverweigerung schuldig zu machen, haben Angestellte stets Optionen, sich zum Schaden des Unternehmens weniger Mühe zu geben und sogar wider besseres Wissen zu handeln, um persönliche Ziele statt die des Unternehmens zu verfolgen. Die Möglichkeiten reichen von Strategien der Arbeitsvermeidung, über die Abschottung von Herrschaftswissen bis hin zu Vergeltungsmaßnahmen gegen ungeliebte, mitunter „zu engagierte" Kollegen. In den engen Grenzen des alten Paradigmas lässt sich dieses Problem beseitigen, indem man durch Erfolgsbeteiligungen verschiedener Arten Mitarbeiterinnen ein kleines Stück zu verbündeten Anteilseignern macht. Doch funktioniert diese Methode tatsächlich?

Insbesondere großen Organisationen sind diese typischen Probleme wohlbekannt. Doch weil die klassische Rezeptur erfahrungsgemäß nicht, nicht genug und schon gar nicht dauerhaft funktioniert, kursieren immer wieder neue Rezepte zur Bekämpfung der Motivationserlahmung. Selten nur sieht sich ein Management dazu veranlasst, in diesem wichtigen Punkt einmal grundsätzlich umzudenken.[124] Solange dies nicht geschieht, wird jedoch keines der oberflächlichen Rezepte eine nachhaltige Wirkung erzeugen – möge man auch noch so ergreifende neue Buzzwords in die Businesswelt einschleusen. Alfred Kieser, einer der führenden deutschen Organisationstheoretiker vergangener Jahrzehnte reflektiert die Geschichte der Managementmethoden ernüchternd. Sie verlaufe in der gleichen Logik wie Modephänomene. Jede erfolgreiche Management-Mode beruhe auf besonders aktiven Propheten, die in der Verbreitung innerhalb und außerhalb des Unternehmens eine Chance sehen, sich auszuzeichnen.[125] Insbesondere für Unternehmensberater ist die stetige Erfindung „neuer", Erfolg versprechender Managementmethoden das Futter für ihr Geschäft. Die hierdurch

---

[124] Ein positives Beispiel, das genau diesen neuralgischen Punkt beschreibt und zeigt, wo der Unterschied zwischen oberflächlichen und tiefgreifenden Veränderungen liegt, ist die Hotelkette Upstalsboom und die Geschichte ihres Chefs Bodo Janssen, der sich und die Kultur seines bedrohten Unternehmens nach anfänglichem Zögern grundlegend auf den Prüfstand gestellt und verändert hat. Das Ergebnis war nicht nur ein zufriedeneres Personal mit einem beliebten Chef, sondern auch ein deutlich erfolgreicheres Unternehmen. Siehe auch das Buch und den zugehörigen Film „Die stille Revolution".

[125] Siehe Interview geführt von Jens Bergmann in: brand eins, 11/2019. www.brandeins.de/magazine/brand-eins-wirtschaftsmagazin/2019/qualitaet/was-wurde-eigentlich-aus-six-sigma

entstehende Dynamik entfaltet einen Druck auf alle Wettbewerber einer Branche und schließlich auf die gesamte Wirtschaft. Diese Dynamik besitzt eine verblüffende Ähnlichkeit mit dem Phänomen in der Textilmode. Diejenige Unternehmung oder Person, die sich der Übernahme angesagter Methoden verweigert, läuft Gefahr, als fortschrittsfeindlich und anpassungsunwillig zu erscheinen. Doch im Endeffekt ist der vorgegaukelte Innovationsaktionismus häufig nicht mehr als blanker Opportunismus, beherrscht von der Angst, in der Außenwirkung einen wichtigen Trend zu verpassen und später persönlich für mögliche Misserfolge verantwortlich gemacht zu werden. Darüber hinaus bietet der Business Bullshit (Jens Bergmann) solchen Managern, die wenig inhaltliche Qualitäten zu bieten haben, sich mit heißer Luft aufzublasen und andere in den Schatten zu stellen.

Vor dem Hintergrund des bisher Gesagten stellt sich vor allem die Frage nach der Mitarbeitermotivation einer Unternehmung oder Organisation in einer innovationsintensiven Wissensgesellschaft, deren Entwicklungspfad mit großen Ungewissheiten gepflastert ist. Sie ist nicht mit denselben Rezepten zu bewältigen, die in Zeiten von Fließbändern und Stechuhren entwickelt wurden oder sich auf Arbeitsmodelle beziehen, die Angestellte schlicht als ausführende Organe, wirtschaftlich Abhängige oder gar Sklaven sehen. So konnte Henry Ford seinen Fließbandarbeitern noch jeden Handgriff persönlich vorschreiben, sie kontrollieren und Sprüche wie, „Sie werden nicht fürs Denken bezahlt", entgegenschmettern. Aber Anweisungen wie „bringen Sie jetzt Ihr gesamtes Wissen und Kreativität ein", kann vollständig oder jedenfalls teilweise (heimlich) verweigert werden. Sofern man als Befohlener weder eine echte Verpflichtung, noch eine persönliche Anerkennung darin sieht, wird man Wege der Verweigerung suchen. Und man wird sie finden. In dem Maße, wie die Befriedigung und Freude an der Arbeit sowie die Identität mit und die Wertschätzung von einer Gemeinschaft ausgeprägt sind, desto höher ist die Motivation, sich bestmöglich einzubringen.

IX. Fremdmotivation und die Sich-selbst-erfüllende-Prophezeiung

Wenn es stimmt, was wir im vorangegangenen Abschnitt hergeleitet haben, dass in komplexen, wissensintensiven Wertschöpfungsprozessen das Management weit weniger konkrete, detaillierte Anweisungen geben und dessen Einhaltung kontrollieren kann, muss man viel stärker auf das Phänomen achten, das Psychologen „intrinsische Motivation" nennen. Jene unterscheidet sich von der „extrinsischen Motivation" darin, dass man keine ständigen indirekten Anreize von außen benötigt, sondern die Freude, Befriedigung und Sinnhaftigkeit an der Tätigkeit selbst in sich trägt, und zwar zunächst unabhängig von der Verlockung eines Gehaltes oder ähnlichem. Zumindest lässt sich feststellen, dass die Entscheidung für einen Beruf oder Arbeitsplatz gerade im akademischen Bereich längst nicht mehr so stark von der Höhe des Gehaltes bestimmt wird wie in vorangegangenen Generationen. Präsenter geworden sind Aspekte wie sinnvolle und abwechslungsreiche Tätigkeiten, gutes Betriebsklima, Freizeit, aber auch finanzielle Sicherheit. Die Höhe des Lohns ist damit für viele junge Menschen nicht mehr der Hauptanlass zu arbeiten, sondern sie wird zu einer Nebenbedingung, um das tun zu können, was Freude bereitet und befriedigt. Ein Trend, der sich in jüngeren Generationen klar abzuzeichnen scheint. Auch wenn die Generation Z, die wieder eine klare Abgrenzung von privater und beruflicher Sphäre fordert und sich damit von der Vermischungslogik der Google-Doktrin distanziert, heißt das nicht, dass es ihr gleichgültig ist, wie sie ihr Geld verdient. Vielmehr möchte sie sich einen Bereich bewahren, der ihr mehr Gestaltungsautonomie und Freiräume für Lebensentwürfe verschafft, die ihr auch ein Unternehmen letztendlich niemals bieten kann. Hierzu gehören nicht zuletzt ein erfülltes Familienleben sowie die Pflege frei gewählter Freundschaften. Eine ausgewogene „Work-Life-Balance" gilt mittlerweile auch als Bedingung für eine nachhaltige Bewahrung der Leistungskraft und des Leistungswillens und steht damit bestenfalls nur dort in Konflikt mit den Zielen von solchen Unternehmen oder anderen Organisationen, die eine hohe Personalfluktuation in Kauf nehmen können oder dies zumindest glauben. Die Werbebranche, Unternehmensberatungen oder Gastronomie mögen typische Beispiele hierfür sein. Sie ziehen viele junge, intrinsisch motivierte Menschen an und verlangen üblicherweise ein Höchstmaß an zeitlicher Flexibilität, die man –

etwa aus Gründen der Familienplanung – oft nicht mehr im fortgeschrittenen Alter bieten kann.

Extrinsische Motivationsversuche seitens typischer, von uns kritisch unter die Lupe genommener Managementmethoden, sind häufig nach wie vor von der Vorstellung geleitet, man könne insbesondere mit hohen Gehältern jede Fachkraft anwerben und durch finanzielle Anreize dafür sorgen, dass sie alles tut, was Managerinnen von ihnen verlangen. Solange die Erwartungen an die Leistungen der Mitarbeiter sehr konkret und somit auch leicht kontrollierbar sind, kann das noch funktionieren. Doch wenn die Erwartungen und Anweisungen des Managements aufgrund erhöhter Ungewissheit, Spezialisierung und Komplexität aufgrund der hohen wirtschaftlichen Entwicklungsstufe immer abstrakter werden, kann – ganz abgesehen von ethischen Aspekten – dieses Prinzip nicht mehr fruchten.

Menschen in modernen Gesellschaften des 21. Jahrhunderts wollen nicht nur von ihren Arbeitgebern und Vorgesetzten ernst genommen werden. Fatal ist es deshalb, wenn Mitarbeiterinnen mit einer Fülle von Vorgaben und Kontrollen ständig misstrauisch gegängelt und bei Entscheidungen, die ihr spezielles Arbeitsfeld betreffen – möge es noch so unbedeutend erscheinen – ignoriert und übergangen werden. Es handelt sich hierbei in der Praxis um ein sehr häufig zu beobachtendes Phänomen. Das ist nach meiner Einschätzung der wesentliche Grund für den unbestimmten Sammelbegriff sogenannter „X-Ineffizienzen", von denen in traditionellen Lehrbüchern die Rede ist und denen das Management typischerweise oft nicht mehr entgegenzuhalten weiß als weitere Gängelungsmaßnahmen, was im Endeffekt das Problem folgerichtig noch verschlimmert. Allzu oft entlarven sich extrinsische Motivationsversuche, die aus der orthodoxen Vorstellung, man brauche nur ein quantitatives Ziel zu definieren, mit Geld zu locken oder mit Bestrafung zu drohen, am Ende als Demotivationstreiber – ja schon mittelfristig als echte Killer intrinsischer Motivation. Wenn man unbedingt in der unmenschlichen Terminologie der Mainstreamökonomik „Human Resources" bleiben möchte, dann sollte man gerade mit der intrinsischen Motivation wie mit einer wertvollen Ressource umgehen.

Darüber hinaus fördern die üblichen extrinsischen Motivationsversuche eine Arbeitsatmosphäre, die unter Verdacht steht, die erschreckende Zunahme von Burnout-Erkrankungen hervorzurufen. Richard David Precht sieht unsere Gesellschaft getrieben von „Künstlicher Intelligenz" in einem massiven Umbruch. Er spricht vom Übergang einer (Erwerbs-) Arbeitsgesellschaft in eine „Sinngesellschaft".[126] Vor dem Hintergrund seiner Analyse über die Arbeitswelt von morgen, in der zahlreiche zum Teil bislang gut bezahlte Jobs der Einführung von Künstlicher Intelligenz (KI) zum Opfer fallen könnten[127], vertritt er in seinen Vorträgen und Interviews die nachvollziehbare These, dass in den aktuellen Industriegesellschaften die früheren Erkrankungen durch körperliche Schwerstarbeit zunehmend von Burn-out-Erkrankungen durch geistige Routinearbeite abgelöst wurden. Gerade solche Tätigkeiten führen auf Dauer leicht zu mentaler Erschöpfung. Obwohl sie von außen betrachtet vielleicht keiner besonderen Anstrengung bedürfen, so fehlt vielen Arbeitnehmern doch mit der Zeit der innere Antrieb für eine eintönige 38-Stunden Tätigkeit. Ihr mangels Alternativen dennoch weiter nachzugehen, kann im Laufe der Jahre zur Qual werden. Aus dieser Perspektive gewinnen gute soziale Bedingungen innerhalb eines Jobs, wie insbesondere ein gutes Betriebsklima, umso mehr an Bedeutung. Ohne den Zusammenhang zwischen Burn-outs und geistigen Routinetätigkeiten hier mit empirischen Evidenzen belegen zu können – außer derjenigen, dass die Burn-out-Fälle bei ArbeitnehmerInnen in den letzten Jahrzehnten dramatisch zugenommen haben[128] – passt Prechts Annahme jedenfalls sehr gut zu unserer Kritik. Man sollte sie im Blick behalten.

Darüber hinaus wirken extrinsische Anreizsystemen negativ – sowohl auf die Innovativität als auch auf die Effizienz ganzheitlicher Prozesse. In dem Maße, wie Mitarbeiter darin ausgebremst werden, ihre konkreten persönli-

---

[126] Richard David Precht: Freiheit für alle. Das Ende der Arbeit, wie wir sie kannten, 1. Aufl., 2022, S. 20.

[127] Precht gibt in seinem Buch „Freiheit für alle" (1. Aufl., 2022, S. 40ff) einen guten, kurzen Überblick über die Studien, die in dieser dritten industriellen Revolution den Wegfall zahlreicher Berufe durch Automatisierung und Roboterisierung prognostizieren. Die Ergebnisse der Studien sind überwältigend. Darunter die aufsehenerregende Studie von Michael A. Osborne und Carl Benedikt Frey „The Future of Employment: How susceptible are jobs to computerisation?" von 2013, nach der wahrscheinlich bis sehr wahrscheinlich allein in den USA 47 Prozent und in Europa 53 Prozent der Arbeitsplätze der digitalen Revolution zum Opfer fallen könnten, weil ihnen regelhafte und routinierte Prozesse zugrunde liegen.

[128] Bereits vor der Corona-Pandemie stiegen beispielsweise die Arbeitsunfähigkeitstage je 100 DAK-Versicherten von 110 im Jahr 2000 auf 264,6 im Jahr 2020. Quelle: DAK/IGES Institut.

chen Praxiserfahrungen für die Neu- und Weiterentwicklungen von Produkten und Dienstleitungen sowie Verbesserungen der Herstellungs- und Leistungsprozesse, an denen sie direkt beteiligt sind, zu sorgen, leidet die evolutorische Anpassung einer Unternehmung, Behörde oder jeglicher Organisation. Gerade große traditionelle Organisationen, die für gewöhnlich eine ausgeprägte Hierarchie besitzen, sind mit diesem Problem belastet. Hier versucht man typischerweise im Gegenzug mit ausgeklügelten formalen Anreizsystemen, zu denen seit geraumer Zeit auch die beliebten individuellen bonusgestützten Zielvereinbarungen gehören, die Leistungsmotivation hochzuhalten. Dieser Ansatz ist jedoch zum Scheitern verurteilt und überlebt nur vom Glauben an ein überkommenes Paradigma.

Der Motivationsexperte Reinhard K. Sprenger hat in seinem bekannten Buch „Mythos Motivation" bereits 1991 den verblüffend einfachen, aber ebenso plausiblen Schluss gezogen, dass es im strengen Sinn gar keine generelle extrinsische Fremdmotivation gibt.[129] Menschen ließen sich nicht permanent fremdsteuern oder mit externen Anreizen dauerhaft motivieren. Er vertritt stattdessen eine Position, die er „Selbstkonzept"[130] nennt. Dahinter steckt die nachvollziehbare These, dass jedes Individuum jeweils dort seinen stärksten Antrieb hat, wo seine Persönlichkeitsmerkmale besonders ausgeprägt sind. Sein Konzept umfasst individuelle Prägungen, Wertvorstellungen, Sensibilitäten, besondere Fähigkeiten, Interessen und Zukunftsideen. Menschen verhielten sich so, dass ihr Selbstkonzept erhalten bleibt oder gar gestärkt wird. Wer Arbeit als persönlichkeitsfördernd erlebe, erfahre eine starke intrinsische Motivation. Zu welchen Konsequenzen führt Sprengers Ansatz in Verbindung mit den übrigen Aspekten, die wir zusammengetragen haben?

Sprengers These passt hervorragend in das neue Paradigma. Letzten Endes ist man in Sachen Motivation also weitgehend auf ein freiwilliges, idealistisches oder gar hedonistisches Engagement für die Sache, das Team, die Organisation, Kundschaft oder Gesellschaft angewiesen. Motivation zu fördern, bedeutet deshalb, Menschen, die das innere Engagement, dem jeweiligen Organisationszweck und den gemeinsamen Zielen des Teams zu

---

[129] Siehe hierzu auch Reinhard K. Sprenger: 30 Minuten Motivation; Offenbach 18. Auflage 2015, S. 18ff.

[130] Reinhard K. Sprenger: 30 Minuten Motivation; Offenbach 18. Auflage 2015, S. 19.

dienen, anzuwerben und deren intrinsische Motivation wach zu halten, beziehungsweise nicht zu zerstören.[131] Demnach lässt sich eine starke Motivation nicht aktiv von Vorgesetzten einflößen. Vielmehr muss die Führung so erfolgen, dass sie die vorhandene intrinsische Motivation der Mitarbeiterinnen aufgreift und für die Verfolgung der Organisationsziele einsetzt, anstatt sie durch ein Fehlverhalten oder ein allmächtiges Verständnis von Führung zu zerstören.

Zu den typischen Kardinalfehlern von Führungskräften, die eine Demotivierung bewirken, zählt zudem die Missachtung des Vorbildgebots. Eine echte, nachhaltige Motivation kann nur mit einer Veränderung der Organisationskultur erreicht werden. Und hier ist unbedingt zu bedenken, dass sich Kultur niemals allein durch eine beliebige Satzung, die das Management niederschreibt, etablieren lässt, sondern sich aus allgemein akzeptierten Regeln sowie dem vorbildlichen Verhalten der Führungskräfte ergibt. Führungskräfte sind eben nicht nur Vor-Gesetzte, sondern immer auch Vor-Bilder. Kurz vor Weihnachten 2020 trat der britische Premierminister Boris Johnson vor die Bevölkerung seiner Nation und verkündete, dass aufgrund der dramatischen Lage der Corona-Pandemie strenge Kontaktbeschränkungen unumgänglich seien. Ein Jahr später wurde bekannt, dass es trotz dieses Erlasses an Johnsons Regierungssitz in der Downing Street Feiern stattfanden, die diesen Vorschriften sträflich widersprachen. Später tauchte sogar ein peinliches Video auf, das zeigt, wie die ehemalige Pressesprecherin Johnsons auf zynische Weise darauf trainiert wurde, die untersagte Feier als Arbeitstreffen der Regierung zu deklarieren. Johnson geriet daraufhin unter starken Druck, da mit dieser Aktion seine moralischen Führungseigenschaften endgültig angezweifelt wurde. Die Opposition warf ihm zu Recht vor, dass Johnson scheinbar glaube, seine eigenen Regeln gelten für ihn und seine engen Kollegen nicht. Dieses Fehlverhalten Johnsons hat der gesellschaftlichen Ethik und mit ihr dem Zusammenhalt der britischen Bevölkerung Schaden zugeführt und kostete ihn am Ende das Amt. Führung ohne vorbildliches Verhalten führt keinesfalls immer zur Entmachtung. Doch ein Schaden für die Gemeinschaft, die Organisation tritt stets mit großer Gewissheit ein.

Sich nicht an die eigenen Regeln zu halten, gilt in unserer liberalen Gesellschaft als eines der schlimmsten moralischen Vergehen, die kaum eine

---

[131] Reinhard K. Sprenger: Mythos Motivation; Frankfurt 1991.

Rechtfertigung zulassen und die jeder sofort wahrnimmt. Es verträgt sich weder mit Kants aufklärerischem „kategorischen Imperativ", noch mit einem einfachen Gerechtigkeitsempfinden. Die Geschichte der Politik ist voller Despoten, die sich im schlimmsten Fall keiner ihrer eigenen Regeln unterwarfen: Von Tyrannen der Antike über selbstherrliche Könige der Neuzeit – „L'État, c'est moi!" – bis hin zu sogenannten sozialistischen Regimen des 20. Jahrhunderts, die ihrer Bevölkerung stets Wasser predigten und selbst nur Wein tranken. Und natürlich ist die Geschichte der Demokratie auch nicht vollkommen frei von derartigen Vergehen.

Doch man braucht gar nicht in die große Politik zu schauen, um solche Phänomene zu entdecken. Es reicht der Blick in kleinere Herrschaftsbereiche, die für unsere Analyse von besonderem Interesse sind. Allerdings führen sie dort, namentlich in Unternehmen und anderen straff geführten Organisationen, meist weder zu offenen Protesten oder gar Revolutionen und enden nur in den seltenen Fällen mit Entmachtung. Stattdessen reagieren gerade die wertvollsten Mitarbeiterinnen entweder mit Ausstieg oder mit innerer Kündigung. Ich erinnere mich beispielsweise an ein großes Unternehmen, das einer Reihe von Mitarbeitern, denen man bislang einen recht komfortablen Dienstwagen zugestanden hatte, im Zuge einer Einsparverordnung nur noch kleinere Autos gewährte. Das löste bei den Betroffenen natürlich keine Freude aus. Doch die meisten hätten dafür wohl Verständnis aufgebracht, wenn alle gleichermaßen von dieser Einschränkung betroffen gewesen wären. Als jedoch bekannt wurde, dass die obersten Etagen, wo man traditionell die teuersten Autos beanspruchte, keinerlei Abstriche machte, wurde der Bruch des Vorbildgebots offensichtlich. Zwar folgte diesem Kardinalfehler weder ein offener Protest noch ein Rücktritt. Aber es kratzte am Vorbild der Führungsebene und schädigte neben anderen moralischen Fehltritten die Bereitschaft des betroffenen Personal, alles zu geben. Es gibt zahlreiche Beispiele für die Verletzung der Vorbildfunktion. Ich bin mir sicher, dass auch viele Leser hierzu eines oder mehrere zum Besten geben könnten.

Neben ethischen Verfehlungen ist vor allem auch ein unangemessener Herausforderungsgrad der Aufgaben, die man den jeweiligen Mitarbeitern zuteilt, ein weitverbreiteter Demotivationsfaktor. Demnach ist sowohl eine dauerhafte Unterforderung als auch Überforderung demotivierend. In Jochen Röpkes Analyse des Motivationsmodells von Atkinson bevorzugen erfolgsmotivierte Personen das Modell mittleren Schwierigkeitsgrades.[132] So auch Bernard Weiner[133], ein Schüler von Atkinson. Er hat in Erweiterung von Atkinsons Theorie in Bezug auf Leistungsmotivation zwei Persönlichkeitstypen unterschieden: Die Erfolgs-Zuversichtlichen und die Erfolgs-Ängstlichen. Während die Erfolgs-Zuversichtlichen sich im Allgemeinen realistische Ziele mit mittelschweren Aufgaben stellen, also solchen, die sie prinzipiell auch bewältigen können, neigen die Erfolgs-Ängstlichen meist dazu, entweder zu niedrige Ziele anzustreben. Diese können sie zwar recht sicher erreichen, vermitteln ihnen dann aber kein belohnendes Siegesgefühl. Oder sie wählen zu hohe Ziele, die ohnehin kaum erreichbar erscheinen und somit gleich eine gute Entschuldigung für den Misserfolg mitliefern.[134]

Aus Sicht der modernen Neurologie kann man den Zusammenhang mit den Worten von Martin Korte auch wie folgt erklären: „Nur dann, wenn ein Mensch herausgefordert wird und gleichzeitig glaubt, eine Aufgabe lösen zu können, wird Dopamin ausgeschüttet."[135] Und der Neurotransmitter Dopamin, bekannt unter „Botenstoff des Glücks", gilt als wirklich motivierend.

Man kann aus alledem folgende Thesen aufstellen:

- Erstens: Es gibt keine angemessene Methode extrinsischer Motivation, die tatsächlich geeignet wäre, Mitarbeiterinnen und Mitarbeitern entgegen deren eigenen individuellen Interessen und persönlicher Sinnerfüllung an der jeweiligen Tätigkeit dauerhaft ihre Potenziale im Sinne der Organisation einzusetzen.
- Zweitens: Mitarbeiter können nur aus eigenen Motiven, Wertvorstellungen und Zielen heraus wirklich motiviert sein, alles zu geben. Und sofern sich diese intrinsische Motivation weitgehend mit

---

[132] Jochen Röpke: Die Strategie der Innovation, Eine systemtheoretische Untersuchung der Interaktion von Individuum, Organisation und Markt im Neuerungsprozeß, Tübingen 1977, S. 139.
Siehe hierzu auch John W. Atkinson: An Introduction to Motivation, New York 1964.
[133] Bernhard Weiner: Motivationspsychologie, Weinheim 1994.
[134] Siehe hierzu auch Gerhard Roth: Über den Menschen, Berlin 2021, S. 85.
[135] Georgios Souleidis und Martin Korte, interviewt von Tobias Hürter und Thomas Vasek: Erwartungen sind wichtiger als Belohnungen, in: Hohe Luft – Philosophie-Zeitschrift, Ausgabe 5/2021, S. 38.

dem Organisationszweck deckt, haben Führungskräfte die Pflicht, diese Motivation nicht durch Gängelung zu konterkarieren.

- Drittens: Intrinsische Motivation nährt sich durch Eigeninitiative, Selbstbestimmung und nachfolgender Wertschätzung. Koordination durch übergeordnete Hierarchieebenen sind meistens notwendig. Doch Gängelung, Ignoranz der jeweiligen Expertisen sowie Über- als auch Unterforderung wirken demotivierend und sollten unbedingt vermieden werden.

Die Managementrealität zeigt, dass hier ein großer Reformbedarf besteht. Die Demotivierung von Mitarbeitern durch ihre Führungskräfte scheint zumindest in Deutschland massenhaft und täglich stattzufinden. Die Wirtschaftswoche veröffentlichte 2017 in Zusammenhang mit der „Gallup-Studie"[136] sogar einen Artikel mit dem Titel „Führungskräfte sind der wahre Produktivitätskiller".[137] Mit guten Führungskräften – so Claudia Tödtmann in der Wirtschaftswoche[138] – „würden deutsche Unternehmen 105 Milliarden mehr Gewinn im Jahr machen. Stattdessen leisten sie sich Manager, die den Mitarbeitern die Arbeitsfreude vergällen." Interessant ist zudem – auch das deckte die Gallup-Studie 2017 auf – dass fast alle befragten Führungskräfte (97 Prozent) sich selbst als gute Besetzung einschätzten. Die Kluft zwischen Selbst- und Außenwahrnehmung lässt auf ein unreflektiertes bis selbstherrliches Verhalten vieler Führungskräfte schließen. Mitunter gehen manche Personalberater sogar soweit, dass sie Managern und Managerinnen eine überdurchschnittlich gehäufte narzisstische Neigung zuschreiben, mit der sie wertvolle Mitarbeiterinnen und Mitarbeiter vertreiben, sobald sie ihnen kein ausreichendes Maß an Bewunderung entgegenbringen.[139] Hier lässt sich wohl auch ein Zusammenhang zur Überschätzung der Steuerungsmacht vermuten. Wann diesbezüglich tatsächlich

---

[136] Die Gallup Organization ist eines der führenden Markt- und Meinungsforschungsinstitute (USA). Sie veröffentlich jährlich einen sogenannten „Engagement-Index".

[137] Claudia Tödtmann: Führungskräfte sind der wahre Produktivitätskiller, in Wirtschaftswoche vom 22. März 2017,

[138] Claudia Tödtmann: Führungskräfte sind der wahre Produktivitätskiller, in Wirtschaftswoche vom 22. März 2017.

[139] Siehe z. B. Svenja Hofert: Die dunkle Triade der Macht. Persönlichkeitsstörungen im Top-Management erkennen und einschätzen, 11. Oktober 2015   https://karriereblog.svenja-hofert.de/psychologie/die-dunkle-triade-der-macht-persoenlichkeitsstoerungen-im-top-management-erkennen-und-einschaetzen/. Download vom 1.10.2021.

gar ein pathologisches Ausmaß an Narzissmus vorliegt, ließe sich aber bestenfalls im Einzelfall von Fachleuten beurteilen. Ein pauschales Urteil verbietet sich selbstverständlich.

Dem jährlich ermittelten „Engagement-Index" der Studienreihe ist seit Jahren zu entnehmen, dass ein hoher Anteil der Führungskräfte das Personal demotiviert. Im jüngsten Engagement-Index 2021 seien ganze 69 Prozent der Beschäftigten emotional gering an das Unternehmen gebunden und machten lediglich Dienst nach Vorschrift. Nur 17 Prozent wurden als hoch emotional gebunden eingestuft, wenig mehr als diejenigen, die mit 14 Prozent gar keine emotionale Bindung besaßen. Die Folge der inneren Kündigung vieler Arbeitnehmer schätzte Gallup in der Summe auf volkswirtschaftlichen Kosten, die sich zwischen 92,9 und 115,1 Milliarden Euro belaufen.

Wie dem auch sei, Manager konzentrieren sich noch immer sehr häufig auf eine Top-down-Kommunikation. Und sie orientieren sich dabei oft stark am Paradigma der Mainstreamökonomik. Sie lassen die typischen Ungewissheiten des Lebens und Wirtschaftens außer Acht und fixieren nur Berechenbares, beziehungsweise verwandeln Spekulatives in harte Zahlen, um ihnen den Anschein berechenbarer Fakten zu verleihen. Mit dieser Herangehensweise neigen sie dazu, so genannte „weiche Faktoren" zu unterschätzen oder sie gar als irrelevant zu deklarieren und in die Welt einer realitätsfernen Esoterik zu verbannen. Argumente, die nicht in knallharten Zahlen darstellbar sind, disqualifizieren sich in dieser eingeschränkten Perspektive von vornherein. Was alle anderen Anreize dominiert – so noch immer eine weit verbreitete Überzeugung unter Managern und allgemein wirtschaftswissenschaftlich gebildeten Menschen – sei nun einmal Geld; im Falle der Motivation also die Höhe der Gehälter und Boni. Nichts scheint ihnen logischer zu sein, als dass in einem Wirtschaftssystem, das ihrer Ansicht nach auf dem Prinzip der „Gewinnmaximierung"[140] basiere, sich alles mit Geld regeln lasse. Die üblichen Narrative zu diesem Thema verstärken diesen Eindruck. Das macht es Kritikern besonders schwer, das alte Paradigma aufzubrechen.

Ich will gar nicht leugnen, dass immer noch viele Menschen Gelderwerb für den eigentlichen Grund der entsprechend so genannten „Erwerbsarbeit"

---

[140] Zum Thema „Gewinnmaximierung" siehe die Abschnitte „Paradigmenwechsel in Theorie und Praxis" und „Die Unzulänglichkeiten des Homo oeconomicus".

halten. Schließlich sind sie so sozialisiert und sich der Abhängigkeit von ihrem Arbeitseinkommen sehr bewusst. Das erkennt man zum Beispiel an der weit verbreiteten Meinung, dass die Einführung eines sogenannten „bedingungslosen Grundeinkommens" daran scheitern müsse, dass dann kaum mehr jemand arbeiten wolle und damit allein schon dessen Finanzierung unrealistisch sei. Fragt man hingegen nach dem eigenen zu erwartenden Verhalten, nehmen die meisten für sich in Anspruch, dennoch weiter zu arbeiten, aber vielleicht Sinnvolleres zu tun. Allein das Einkommensmotiv als Anlass für produktive Tätigkeiten zu verstehen, ist einem mittlerweile überkommenen, ultrakapitalistischen Narrativ zuzuschreiben. Es ist zudem eine Folge der weit verbreiteten Frustrationen am Arbeitsplatz, die es gerade mit den eben dargelegten Argumenten unbedingt zu vermeiden gilt. Es ist ausgesprochen häufig zu beobachten, dass entweder ein schlechtes Betriebsklima, insbesondere das Verhältnis zu direkten Vorgesetzten, denen hier eine besondere Verantwortung zukommt, belastet, oder die Möglichkeiten zur persönlichen Entfaltung, Partizipation, Sinnhaftigkeit und Selbstwirksamkeit unbefriedigend gering sind. Löhne und Gehälter besitzen in dieser Perspektive den Charakter von Schmerzensgeldern. Ist der Schmerz bei der Leistungserbringung groß, ist es auch das Bedürfnis nach einer monetären Entschädigung. Einen nachhaltigen Motivationseffekt, der über den Dienst nach Vorschrift hinausgeht, werden Schmerzensgelder allerdings niemals besitzen.

Die Beratungsindustrie ist dabei, die Vermarktungspotenziale der intrinsischen Motivation für sich zu entdecken. Doch verheimlicht sie oft die großen Schwierigkeiten der notwendigen Umstellung einer Organisationskultur, die allein durch die Beratung eines Consulting-Unternehmens nicht gelingen kann. Man verfällt – abgesehen von neuen Buzz-Words – wieder schnell in das alte Paradigma. Denn: Ist die einfache Formel von der vermeintlichen Wirksamkeit extrinsischer Motivation in einer Organisation traditionell etabliert, dann befindet sich das Management in einer unheilvollen Belohnungsspirale, der nur schwer zu entkommen ist. Hat man die extrinsischen Belohnungsgeister erst einmal gerufen, wird man sie nur mit großer Entschlossenheit zu einer echten, tiefgreifenden Veränderung wieder los.

Die monetäre Belohnungsstrategie ist damit eine „Sich-selbst-erfüllenden-Prophezeiung" („Self-Fulfilling-Prophecy"). Sie kann die gewünschten Effekte niemals erreichen. Die Überzeugung der ökonomischen Hardliner,

die insbesondere monetärer Belohnung eine wesentliche Motivationswir-
kung zusprechen, hat die Fixierung des Personals auf die Gehälter erst provoziert. Ist das Personal hierdurch einmal seiner intrinsischen Motivation
beraubt und ganz und gar auf das System extrinsischer Motivation konditioniert, muss man sich nicht darüber wundern, wenn der Quotient aus finanzieller Entlohnung und uninspirierter Anstrengung im Mittelpunkt
steht. Aus dieser Perspektive muss die reale Entlohnung in der Erwartung
der Belegschaft stetig steigen, um wenigstens weitere Frustrationen zu vermeiden. Sich von dieser untauglichen Motivationsstrategie wieder zu lösen, bedarf es gründlicher Veränderungsprozesse in der Organisationskultur sowie viel Überzeugungskraft und einen langen Atem.

Das wirkt auf das Management für gewöhnlich abschreckend, zumal die
Ergebnisse – wie bei jeder Innovation – im Ungewissen liegen. Die damit
verbundenen Schwierigkeiten und gegebenenfalls (zwischenzeitlich) erfolglosen Versuche werden von konservativen Managerinnen dann gerne
als Bestätigung ihres alten Paradigmas gewertet. Doch meiner Einschätzung nach handelt es sich um eine Fehlinterpretation von Ursache und Wirkung. Eine Personalführung, die auf das Prinzip extrinsischer Motivation
durch finanzielle Belohnung baut, zieht verstärkt genau diejenigen Bewerber an, die auf beste Bezahlung aus sind und keine intrinsisch motivierte
Priorität auf den Organisationszweck oder eine erfüllende und produktive
Organisationskultur legen. Allein der hieraus resultierende selektive Effekt
ist keinesfalls unerheblich und sollte im Falle von Veränderungsprozessen
entsprechend bewertet werden. Aus alledem darf man jedoch nicht den
Schluss ziehen, man könne eine moderne Organisationskultur zur Einspa-
rung der Löhne instrumentalisieren. Das wäre ein Festhalten am alten Paradigma und würde schnell als Zynismus entlarvt werden.

Wenn Mitarbeiterinnen trotz großen Interesses und hoher Fachkenntnisse,
die man durch Ausbildung, Studium und Berufserfahrung gewonnen hat,
lediglich Anweisungen befolgen müssen, wird das nicht dazu anhalten,
sich zu engagieren, auf Dauer mitzudenken und sich voll im Sinne des Organisationszwecks einzusetzen. Wenn die Anweisungen dann noch persönlichen Erfahrungen, Überzeugungen und erlernten Praktiken und Theorien zuwiderlaufen sowie Einwände nicht gehört werden oder unbeant-
wortet bleiben, führt das zur Frustration und letztendlich zur Resignation.
Am Ende verlässt man das Unternehmen oder zieht sich auf genau die Einstellung zurück, die zur angewandten extrinsischen Motivationslogik des
alten Paradigmas passt: Dienst nach Vorschrift, Schmerzensgeld für die

Frustration am Arbeitsplatz.

Dienst nach Vorschrift bleibt zudem kein individuelles Phänomen, sondern besitzt eine soziale Dynamik. Man wird seine Frustration mit Kollegen, zunächst denjenigen, denen es ähnlich ergeht, austauschen, wodurch sich der Frustrationsgrad in der gesamten Organisation steigert und schließlich die gesamte Organisationskultur beherrscht. Hinzu kommt, dass neue, intrinsisch noch hoch motivierte Mitarbeiterinnen ausgebremst werden, sobald sie sich „zu sehr" engagieren und damit das heruntergefahrene Engagement des frustrierten Stammpersonals in Misskredit zu bringen drohen. Nach diesem Grundmuster entwickelt sich eine unattraktive, innovationsfeindliche und unproduktive Arbeitsatmosphäre. Wird sich das Management über die Unzufriedenheit klar, versucht es typischerweise – sofern dies die finanzielle Lage zulässt – mit extrinsischen Motivationsinstrumenten die Leistungsbereitschaft der Mitarbeiter zu erhöhen. Doch in Wirklichkeit steckt man in einer leistungsfeindlichen Organisationskultur fest, in der Mitarbeiterinnen nur noch so wenig Verantwortung wie möglich übernehmen, wichtige Informationen zurückhalten oder zuweilen wider besseres Wissen handeln.

Die verminderte Leistungsbereitschaft geschieht für gewöhnlich in einer Weise, die arbeitsrechtlich nicht angreifbar sind. Im Gegenteil: Vordergründige, unkritische Konformität wird zur alles dominierenden Verhaltensstrategie. Fehlervermeidung, Zurückhaltung von Wissen und Verflüchtigung von Verantwortung wird zur dominanten Strategie und verhindert rechtzeitige Anpassungen und innovative Trial-and-Error-Prozesse. Kritik an der gängigen Praxis wird von Mitarbeitern stets als persönlicher Angriff empfunden und deshalb in stillschweigendem, gegenseitigem Einverständnis entweder gar nicht mehr geäußert oder falls doch, durch sozialen Ausschluss bis hin zum Mobbing sanktioniert. Gleichzeitig entsteht in einer solchen Atmosphäre für hartgesottene Mitarbeiterinnen und Mitarbeiter die Möglichkeit, auf geschickte Art Kollegen im Karrierekampf zu diskreditieren, indem man ihnen bei Abweichungen von der Standardlinie Fehler nachsagt, was ebenfalls die Eigeninitiative verdrängt. Die Unternehmung, die Organisation, das Team verliert jegliche Dynamik und Lernfähigkeit, mit der man auf die bestehenden Herausforderungen und die turbulenten Veränderungen der Außenwelt angemessen reagieren könnte. Befindet sich ein Unternehmen oder eine vergleichbare hierarchische Organisation erst einmal in dieser unbefriedigenden Lage, sieht sich das Ma-

nagement einer Situation gegenüber, in der scheinbar nur noch Gehaltserhöhungen, die Gewährung von individuellen Boni oder hierarchische Beförderungen seine Mitarbeiterinnen vermeintlich dazu motivieren können,
mehr als nur Dienst nach Vorschrift zu absolvieren. Doch das ist nicht
mehr als ein Wunschtraum.

Und auch die Mitarbeiterinnen und Mitarbeiter werden in diesem Stadium
den größten Wert auf materielle Belohnungen legen, da sie auf den verinnerlichten Deal „Geld gegen den Verzicht auf glückliche Lebenszeit und
Selbstbestimmung" als einzige Möglichkeit zur Verbesserung ihrer Le-
bensqualität wahrnehmen. Doch diese sogenannten „Incentives" wirken –
wenn überhaupt – nur für sehr kurze Zeit. Es werden indessen weitere For-
derungen folgen, denen wiederum das Management mit Unverständnis und
Abwehr begegnet wird, weil es weiß, dass ständige Gehaltserhöhungen,
Boni und Beförderungen nicht realisierbar sind. Obwohl also häufig das
Management selbst wegen der großen Bedeutung, die es der extrinsischen
Motivation beimisst, der eigentliche Urheber der Erwartungshaltung seitens der Belegschaft ist, schiebt es die Schuld gerne auf ein zu hohes An-
spruchsdenken des Personals. So wird der Ansatz extrinsischer Motivation
zu einer Sich-selbst-erfüllenden-Prophezeiung, indem er eine Erwartungshaltung hervorruft und schürt, die bestenfalls nur kurzfristig wirkt und die
man nicht dauerhaft erfüllen kann. Eine klassische Lose-Lose-Situation.
Doch durch die Brille des alten Paradigmas ist hieraus kein Ausweg zu
sehen.

Wer nun glaubt, man könne dieser schwierigen Lage mit einfachen Veränderungen zu neu betitelten Methoden entkommen, den möchte ich vorsorg-
lich auf ein Missverständnis hinweisen, das mir häufig begegnet und von
dem ich deshalb annehme, dass es weit verbreitet ist. Dabei handelt es sich
um Folgendes: In der Ahnung, mit der vermeintlichen Motivierung durch
Gehaltserhöhung, Boni und möglicher Beförderung – selbst im irrigen
Glauben an deren Wirksamkeit – an finanzielle Grenzen zu geraten, kommt
es vielen Managerinnen nicht ungelegen, wenn es in modernen Motivati-
onsratgebern heißt, man könne, ja man müsse sogar seinen Mitarbeitern
durch regelmäßige verbale Belobigungen den ersehnten Motivationsschub
erteilen. Belobigung statt finanzzehrende Belohnung klingt verlockend. So
glaubte man im Pandemiejahr 2020 sogar das Pflege- und Klinikspersonal
mit einer öffentlichen Beifallsbekundung, statt mit gerechteren Konditio-
nen bei der Stange halten zu können. Doch der Effekt verpuffte in Winde-
seile. Im selben Zug wird zudem nicht selten die verbale Belobigung als

intrinsische Motivation missverstanden. Doch hierbei handelt es sich zunächst einmal um etwas Grundverschiedenes. Obgleich eine Organisation, die eine glaubhafte Wertschätzungskultur besitzt, durchaus motivierend wirkt, ist die einfache Formel „Lob gleich Wertschätzung" zu einfach. Schauen wir uns das einmal etwas näher an.

Ein Lob, in welcher Form auch immer, ist gewiss etwas Positives. Seinem Wesen nach ist ein Lob das traditionelle Mittel, der gelobten Person ein Dankeschön und „Weiter so" zu signalisieren. Das bedeutet Anerkennung, Wertschätzung, Vertrauen und stärkt – soweit vorhanden – die intrinsische Motivation. Es kann darüber hinaus auch dazu dienen, einer Gemeinschaft ein „Benchmark"[141], wie es im Managementjargon heißt, zu setzen: Seht her, was dieser Mensch geleistet hat, daran solltet ihr euch ein Beispiel nehmen. In dieser Lesart gehört ein Lob jedoch in die Kategorie extrinsischer Motivation. Die Führungskraft – so zumindest die simple Vorstellung – lobt man die Mitarbeiterin in der Annahme, dass sich diese weiterhin anstrengt und die übrigen sich daran orientieren müssen. Das scheint unter gewissen Umständen zu funktionieren. Im schlechtesten Fall wird das Lob allerdings als billiges Surrogat entlarvt. Im besten Fall nimmt man für ein Lob die unangenehmsten Anstrengungen in Kauf. Doch um welche „Umstände" es sich dabei handelt, müssen wir nachfolgend noch näher klären. Denn keinesfalls besteht ein einfacher Automatismus zwischen Lob und Motivation. Ein Lob, losgelöst von seinem psychologischen und sozialen Kontext, ist nicht eindeutig zu bewerten und sollte keinesfalls per se mit intrinsischer Motivation verwechselt werden.

Zunächst sind zwei Fälle zu unterscheiden. Im ersten Fall kann ein Lob dazu dienen, Punkte zu sammeln, nur um letztendlich in den Genuss einer höheren Entlohnung oder einer Beförderung zu kommen. Das gilt insbesondere, wenn Lobesbekundungen in der Personalakte dokumentiert werden. Mit dieser Logik „Lobsammlung auf der Karriereleiter" bewegt man sich vollumfänglich noch im Bereich der herkömmlichen extrinsischen Motivation samt all seiner Nachteile. Man denke nur an die unmenschlichen Praktiken des chinesischen Regimes, das mittlerweile das gesamte soziale Verhalten mit einem Punktesystem zu kontrollieren versucht. Anders verhält es sich hingegen, wenn eine materielle Mehrentlohnung oder eine Sanktionierung gar nicht zur Diskussion stehen und keine offizielle

---

[141] Für diejenigen, die diesen Jargon verständlicherweise nicht beherrschen: Benchmark = Richtgröße.

Dokumentation stattfindet. Sei es, weil die finanziellen Mittel dafür offensichtlich nicht zur Verfügung stehen, eine Entlassung faktisch ausgeschlossen ist oder eine flache Hierarchie und die damit verbundene Organisationskultur eine obligatorische Beförderung weder sinnvoll noch möglich macht. In diesem Fall betreten wir zumindest schon mit einem Fuß das Feld der intrinsischen Motivation. Denn sobald das Lob nicht mehr in Verdacht steht, im Dienste einer extrinsischen Motivationsstrategie zu stehen, wirkt es durch andere Kanäle auf unsere Psyche. Es führt über Aspekte der Selbstwahrnehmung, die beispielsweise Sprenger in seinem Ansatz des „Selbstkonzepts" erwähnt, wo er persönliche Wertvorstellungen, besondere Fähigkeiten, Talente, Interessen, Empfindlichkeiten und persönliche Ziele in einen Zusammenhang bringt. Wer hingegen glaubt, mit pauschalen, eintrainierten Lobeshymnen sein Personal begeistern zu können, wird schnell enttäuscht werden. Das gilt umso mehr, wenn es plötzlich und unerwartet Belobigungen hagelt, weil die betreffende Führungsperson etwa in einem Seminar oder einem oberflächlichen Ratgeber von der neuen vermeintlichen Wunderwaffe gehört oder gelesen hat. Die Enttäuschung, die auf eine solch oberflächliche und überraschende Verhaltensänderung folgen muss, schreiben Führungspersonen dann nur allzu gern wieder dem Personal zu, anstatt sie auf das eigene Verhalten zurückzuführen.

Offenbar muss Lob etwas mit der neuerdings zurecht vielbeschworenen Wertschätzung zu tun haben. Ein Lob kann diese wichtige Wertschätzung ausdrücken. Sollte es sich aber nur um eine eingeübte Floskel handeln, wird es seine Wirkung zum Teil oder auch gänzlich verfehlen. Wertschätzung ist unbestritten ein wichtiges Signal im Zusammenhang mit Motivation. Doch sie muss unbedingt glaubhaft sein. Wertschätzung, die sich durch ein Lob ausdrücken soll, muss sich entweder auf die Anerkennung beziehen, die sich auf die Selbstwirksamkeit bei der Verfolgung intrinsischer Ziele des jeweiligen Individuums richtet. Wenn man dafür gelobt wird, einer Sache, die man selbst für wichtig hält, wirksam gedient zu haben, verleiht das der Tätigkeit Eigenwirksamkeit, Sinn und damit auch eine hohe Einsatzbereitschaft. Wertschätzung kann aber auch das Bedürfnis nach Anerkennung durch eine lobende Person, der man gefallen will, befriedigen, was ebenfalls nicht ohne Bezug auf intrinsische Werte auskommt. Der Motivationseffekt entwickelt sich dann folgerichtig nicht isoliert von der Beziehung zwischen der lobenden und der gelobten Person. Nur wenn die lobende Person bezüglich der relevanten Aspekte ein Vorbild, vielleicht sogar bewundert wird oder im Extremfall ein Idol ist, gewinnt das Lob seine motivierende Bedeutung.

Ohne Zweifel spielen beide Aspekte, sachliche und persönliche, eine Rolle bei der Motivation. Sie bedienen die Bedürfnisse unterschiedlicher Persönlichkeiten in unterschiedlichen Beziehungen zueinander oder stellen zumindest eine Mischung aus beiden Motiven dar. Es kommt nun darauf an, wie gut es einem Manager oder einer Managerin gelingt, sich glaubwürdig und typengerecht zu verhalten oder sich grundsätzlich von vornherein mit jenem Menschentyp zu umgeben, mit dem man von Natur aus gut zurechtkommt. So ist es wahrscheinlich, dass eine starke, Orientierung gebende Führungspersönlichkeit motivierender ist, als eine, die zwar ihren Job sachlich gut erledigt, aber das Personal auf der emotionalen Ebene wenig bis gar nicht erreicht. Je bewusster sich diesbezüglich das Management über seine Stärken und Schwächen ist, desto besser kann es damit umgehen.

Abschließend zum Thema Lob und Motivation will ich noch auf ein relativ neues Phänomen hinweisen, welches bislang innerhalb dieser Thematik noch wenig Beachtung findet. Es handelt sich hierbei um die im Internet mittlerweile weit verbreitete Praxis, sogenannte „Likes" einzuholen, was nichts anderes bedeutet, als sich von Wildfremden ein motivierendes Lob einzuholen. Manche posten auf der Grundlage ihrer inneren Überzeugungen. Andere richten ihre Posts einfach darauf aus, möglichst viele Likes zu bekommen. Die Jagd nach Likes mag dem Grundbedürfnis, „geliebt" zu werden, dienen. Doch sind sie letztendlich keine Liebesbeweise, sondern nur Ausdruck eines oberflächlichen Spiels, das keine nachhaltigen Leistungseffekte bringt. Analog verhält es sich übrigens in der Politik im Wettbewerb um Wählerstimmen. Auch dort haben wir es mit zwei Strategien zu tun. So gibt es solche Politiker, die sich spekulativ an der mehrheitlichen Meinung der Wähler orientieren, während andere aus tiefer innerer Überzeugung von intrinsischen Werten getrieben sind und für deren Beachtung streiten. Im ersten Fall geht es um Opportunismus, der letztendlich zu Enttäuschungen führt, im anderen um echte Führung. Im Management sollte es eigentlich stets um echte Führung gehen.

X. Gehaltshöhe und die leeren Verheißungen von Bonussystemen

Um Missverständnissen vorzubeugen, möchte ich in Bezug auf den vorangegangenen Abschnitt Folgendes voranstellen: Die Höhe des Gehaltes ist auch im hier skizzierten neuen Paradigma keinesfalls bedeutungslos. Erstens ist unbestritten, dass private Notwendigkeiten oder Präferenzen bestehen können, einen Arbeitsplatz wegen einer höheren Bezahlung anzutreten. Das gilt offensichtlich auch dann, wenn alle anderen Faktoren unter dem Strich vergleichbar gut sind. Dieser Aspekt verliert in objektiver Betrachtung allerdings an Bedeutung, je höher die Gehaltsklasse ist, in der man sich bewegt. Doch in jedem Fall sagen die Entscheidungsgründe, die zum Antritt eines bestimmten Jobs führen, wenig über die dauerhafte Leistungsbereitschaft am Arbeitsplatz aus. Die Mainstreamökonomik argumentiert in diesem Zusammenhang mit dem Modell des Arbeitsmarktes, auf dem sich aus dem freien Spiel von Angebot und Nachfrage ein leistungsgerechtes Gehalt ergebe. Nach derselben Logik funktioniere angeblich auch der Managermarkt, der zumindest in den Topetagen allerdings losgelöst vom allgemeinen Arbeitsmarkt stattfindet. Folglich werden üblicherweise die Gehälter in den obersten Etagen weitgehend unabhängig von der jeweiligen vertikalen organisationsinternen Gehaltsstruktur ermittelt. Doch bleiben berechtigte Zweifel daran, dass namentlich die Gehälter von Topmanagern tatsächlich reine Ergebnisse eines freien Marktes sind. Jedenfalls können auf diese Weise erhebliche Abstände zwischen den Durchschnittsgehältern und denen des Topmanagements entstehen, was zu Problemen führen kann.

Die Höhe des Gehalts wird insbesondere dann bedeutsam, wenn sie als Ausdruck geringer Wertschätzung interpretiert werden kann. Das ist zum einen der Fall, wenn ein Gehalt entweder im horizontalen oder im vertikalen Vergleich als deutlich unterdurchschnittlich, beziehungsweise unverhältnismäßig empfunden wird. Der horizontale Vergleich kann innerhalb sowohl einer Organisation als auch einer Branche oder Berufsgruppe gezogen werden. Es ist leicht nachvollziehbar, wenn beispielsweise zwei Mitarbeiterinnen eines Unternehmens für die gleiche Arbeit und Leistung unterschiedlich bezahlt werden. Offensichtlich problematisch sind generelle Ungleichbehandlungen. Berechtigte Kritik wird zum Beispiel häufig an der Bezahlung von Frauen geübt, die oft für die gleiche Arbeit weniger Geld bekommen als Männer. Auch Leiharbeiter werden üblicherweise schlechter bezahlt als ihre Kolleginnen vom Stammpersonal. Und das Lohngefälle zwischen Ost- und Westdeutschland kann ebenfalls nicht durchgängig mit Produktivitätsunterschieden oder Lebenshaltungskosten erklärt werden. Diese Unterschiede geben Anlass zu einer demotivierenden Unzufriedenheit. Einige Personalabteilungen verlangen deshalb von den Angestellten Verschwiegenheitserklärungen über ihr Gehalt. Ich halte das für eine außerordentlich schlechte Lösung, da erstens ein Schweigen Spekulationen Tür und Tor öffnet. Zweitens diese Praxis innerhalb der Belegschaft ein grundsätzliches Misstrauen schürt. Und drittens ist die Wahrscheinlichkeit, dass man sich trotz eines Verbotes hinter vorgehaltener Hand darüber austauscht, recht hoch.

Doch nicht nur der horizontale Einkommensvergleich kann demotivierend wirken. Auch die vertikale Einkommensverteilung, also die Relation zwischen hierarchisch unterschiedlichen Positionen, ist ab einer gewissen Größenordnung Ausdruck von Geringschätzung gegenüber niedrigeren Hierarchieebenen. Obwohl Einkommenssteigerungen entlang einer Hierarchie grundsätzlich akzeptiert werden, sofern Ausbildungszeit, echte Verantwortung, Kompetenzen, Arbeitszeit und Engagement bis hin zu besonderen persönlichen Eigenschaften und Engagements hierfür eine Rechtfertigung liefern. Doch wie diese Unterschiede in konkrete Zahlenrelationen übersetzt werden, um sie auf die Gehaltsstruktur zu übertragen, bleibt zwangsläufig einer gewissen Willkür überlassen. Hier lauert die Gefahr der Überschätzung und Übertreibung. Es lassen sich zwar keine allgemeingültigen quantitativen Grenzen definieren. Als sicher kann jedoch angenommen werden, dass sobald eine Schieflage in der Gehaltsstruktur einer Organisation offen zutage tritt, sie auf die schlechtbedienten Hierarchieebenen herabwürdigend und demotivierend wirkt. Nicht, weil sie Neid hervorruft, sondern vor allem, weil sie Ausdruck von geringer Wertschätzung ist sowie Gerechtigkeitsgefühle verletzt.

Gerechtigkeitsgefühle spielen stets eine wichtige Rolle im Zusammenhang mit Motivation. In der Mainstreamökonomik ist dieser Aspekt allerdings irrelevant, weil sie die Ebene von Ethik und Emotionen bewusst auszusparen versucht. Es ist der Ehrgeiz der Mainstreamökonomik, eine nüchterne Analyse „rein wirtschaftlicher" Zusammenhänge zu liefern. Manche Wirtschaftswissenschaftler beziehen sich dabei gerne auf das Wertfreiheitspostulat von Max Weber, das sie in diesem Zusammenhang allerdings falsch interpretieren. So gilt es zwar, wissenschaftlich ergründete Zusammen-

hänge unabhängig ihres ethischen Inhalts aufzuzeigen. Das bedeutet jedoch nicht, dass in Sozialwissenschaften auf die Betrachtung ethischer Aspekte verzichten werden kann. Sie sind für die Erklärung menschlicher
Handlungen unerlässlich. Max Weber selbst hat das nicht zuletzt mit seiner
berühmten Abhandlung über die Bedeutung des Protestantismus für den
Kapitalismus[142] deutlich gemacht. Diese Ebene ist nun einmal nicht in mathematische Formeln zu fassen und passt daher auch nicht in die neoklassische Modellwelt. Bleibt die Frage, wann der Punkt erreicht ist, an dem
Gerechtigkeitsgefühle in großem Umfang verletzt werden und demotivierend wirken. Obwohl eine exakte und generelle Angabe noch tolerierbarer
Unterschiede zwischen den Gehältern innerhalb einer Hierarchie unseriös
wäre, kann man sich mit folgendem skizzenhaften Zahlenbeispiel zumindest einen Eindruck von überdimensionierten Gehaltsunterschieden, welche die meisten Menschen als unanständig empfinden, verschaffen:

Wenn in einer großen Aktiengesellschaft ein Angestellter der unteren Hierarchieebenen pro Jahr im Durchschnitt 40.000 Euro und ein Ingenieur,
Abteilungsleiter oder akademische Facharbeiterin im Durchschnitt vielleicht sogar 80.000 Euro verdient, während ein ebenfalls im Anstellungs-
verhältnis arbeitender Vorstandsvorsitzender oder eine Vorstandsvorsitzende jährlich ein Festgehalt von – sagen wir – vier Millionen Euro bezieht, besteht ein Gehaltsgefälle von 1:100 bzw. 1:50. Bei einem Jahres-
einkommen von 16 Millionen Euro (inkl. ergebnisabhängiger Bestandteile), welches der ehemalige VW-Vorstandsvorsitzende Martin Winterkorn seinerzeit bezog, würde sich das Einkommensgefälle in unserer skizzenhaften Rechnung sogar auf 1:400 bzw. 1:200 erhöhen. Die Leistung des
Vorstandsvorsitzenden wäre folglich als 400mal so hoch eingeschätzt wie
die des einfachen Technikers oder Verwaltungsangestellten.[143] Zwar ist die
Tätigkeit des Vorstandsvorsitzenden in Form von wichtigen Entscheidungen gewöhnlich mit weitaus schwerwiegenderen Konsequenzen für das
Unternehmen und die Belegschaft und daher mit höherer Verantwortung

---

[142] Max Weber: Die protestantische Ethik und der Geist des Kapitalismus; Archiv für Sozialwissenschaft und Sozialpolitik, Bd. 20/21 Tübingen, 1905.

[143] Man muss hier zudem bedenken, dass Winterkorn den größten Skandal in der Geschichte der deutschen Automobilindustrie zu verantworten hat, hierzulande wegen ban-
denmäßigen Betrugs angeklagt ist und sogar bei Einreise in die USA dort verhaftet werden
würde.

verbunden. Doch ohne persönliche Haftung, wie sie oft nur noch bei mittelständischen Unternehmern besteht, kann die Höhe des Gehaltes nicht
mit dem Argument der hohen Verantwortung gerechtfertigt werden. Der
monetären Anrechnung von Verantwortung muss schließlich das Risiko
der Haftung gegenüberstehen. Andernfalls ist das viel bemühte Argument
von der großen Verantwortung eine Farce. Es ist mir persönlich kein Fall
bekannt, wo ein Topmanager oder eine Topmanagerin wegen Verfehlungen oder falschen Entscheidungen Geld an das Unternehmen zurückzahlen
musste. Stattdessen gibt es genügend Beispiele, wo eine schlechte Leistung
mit einer Entlassung „sanktioniert" wurde, die mit saftigen Abfindungen
einherging. Gegen manche Fehlentscheidungen, die üble Konsequenzen
für die Verantwortlichen haben könnten, werden zudem üblicherweise
Versicherungen abgeschlossen, die wiederum der Konzern bezahlt.

Einkommensunterschiede in der eben geschilderten Größenordnung – und
wohl auch noch weit darunter – können argumentativ nicht stichhaltig gerechtfertigt werden und lassen sich nur schwer mit dem Gerechtigkeitsempfinden eines durchschnittlichen Angestellten in Einklang bringen. Sie
schwächen das Selbstwertgefühl vieler Mitarbeiter und gefährden per se
die Kohäsion einer Belegschaft.[144] Und sie lassen sich – entgegen eines
weit verbreiteten Glaubens – auch wirtschaftstheoretisch nicht überzeu-
gend rechtfertigen, da der Erfolg eines großen Kollektivs sich nicht eindeutig auf den Leistungsbeitrag seiner Führungskräfte zurück führen lässt.
Es ist im Grunde wie bei einer Fußballmannschaft. Auch hier lässt sich bei
einer ernsthaften Analyse niemals exakt feststellen, welchen quantitativen
Anteil jeder Spieler oder Trainer am Gesamtergebnis hat. Allein Torschüt-
zen den Erfolg zuzuschreiben, wäre gewiss ignorant und ungerecht. Genauso wenig ist ein Fußballteam, das aus lauter Stars besteht, per se einer
Mannschaft mit weniger herausragenden Spielern überlegen. Offenbar
kommt es in erheblichem Maß auf ein gutes Miteinander – Teamwork –
an, das weder allein durch vertragliche Verpflichtungen noch durch hohe
Gehälter sichergestellt werden kann. Die Festlegung unterschiedlicher
Gehälter bleibt damit einer gewissen Willkür überlassen, weil sie zu wenig

---

[144] Der Volkswagen-Konzern versucht allerdings mit vergleichsweise hohen jährlichen er-
folgsorientierten Sonderzahlungen für alle Mitarbeiter dem Gerechtigkeitsempfinden etwas
Rechnung zu tragen. Das ist aber wohl weniger dem Gerechtigkeitssinn des Topmanagements zuzuschreiben als vielmehr einem Zugeständnis an eine starke Gewerkschaft und an
die Politik einer Landesregierung, die im Aufsichtsrat den Staat als partiellen Anteilseigner
vertritt.

Anhaltspunkten für eine wirkliche Berechenbarkeit der Leistungsanteile standhält.

Die Unterschiedlichkeit der Löhne und Gehälter einer Organisation, so lässt sich resümieren, ist das Ergebnis eines Gemisches aus Tradition, spekulativem Erfolgsanteil, eingesetzter Arbeitszeit und gelegentlich auch konkret zählbarer Leistungseinheiten. Wie stark die Differenzen in der hierarchischen Gehaltsstruktur einer Organisation ausfallen, hängt darüber hinaus ganz wesentlich von den Grundsätzen und Wertvorstellungen des Topmanagements ab. Dabei präferiert dieses erfahrungsgemäß solche Prinzipien, die das eigene Gehalt und das ihresgleichen auf einem möglichst hohen Niveau halten und rechtfertigen – sei es aus der Überzeugung, es wirklich verdient zu haben, oder nur aus blanker Gier. Der Erfolg eines Unternehmens oder einer anderen Organisation wird jedoch stets in hohem Maß von der Teamleistung abhängen. Wer den Teamgeist und die Kohäsion der Belegschaft schädigt, beeinträchtigt aber den Erfolg negativ. Doch auch das ist nicht wirklich berechenbar und bieten deshalb einen gewissen Schutz gegen konkrete Kritik.

Vor diesem Hintergrund unterliegt auch das Prinzip der individuellen Erfolgsbeteiligung, das lange Zeit als universeller Heilsbringer galt und überwiegend noch gilt, deutlichen Einschränkungen. Vielleicht ist die Beharrlichkeit dieses Prinzips auf eine zu oberflächliche Analyse von Leistungsgerechtigkeit und Verantwortungsverteilung zurückzuführen. So ist es zwar richtig, dass die personelle Zusammenkunft von Entscheidung, Belohnung und Haftung positiv auf die Motivation wirkt. Das gilt typischerweise für Selbstständige. Sie treffen Entscheidungen unter Ungewissheit, können davon eventuell enorm profitieren, haften aber ebenso bei Misserfolgen im Extremfall sogar mit ihrem gesamten Privatvermögen. Das entspricht im Allgemeinen unserem Gerechtigkeitsempfinden und stellt ein notwendiges Korrektiv durch marktwirtschaftliche Trial-and-Error-Prozesse dar. Übersehen wird dabei aber leicht, dass dieses Prinzip nicht einfach auf eine ganze Hierarchie übertragen werden kann. Denn hiermit wird gar nicht das Prinzip der Einheit von Entscheidung, Belohnung und Haftung erfüllt. Innerhalb einer Hierarchie von ausschließlich im Angestelltenverhältnis arbeitenden Mitarbeitern – von der Vorstandsvorsitzenden bis zum Pförtner – kann dieses Prinzip bestenfalls nur dort gerecht und damit dauerhaft motivierend wirken, wo es gelingt, Erfolg und Misserfolg den Entscheidungen und Leistungen einzelner Mitarbeiter eindeutig zuzuordnen. Aber das ist nur selten unter ganz bestimmten Umständen der Fall.

Es widerspricht zudem der Idee eines echten Teams und der soziologischen Vorstellung von Emergenz. Eine Unternehmung ist ja gerade deswegen eine solche, weil sie Projekte im fest organisierten Kollektiv besser zum Erfolg führen kann als über reine marktliche Geschäfte zwischen selbstständigen Eigenverantwortlichen.

Das Prinzip der Einheit von Entscheidung, Belohnung und Haftung, das die tatsächliche Verantwortung kennzeichnet, kann zudem auch deshalb von ihren größten Befürwortern ungestraft verletzt werden, weil der Zusammenhang zwischen Ursache und Wirkung sachlich und zeitlich intransparent ist. Einer der weltweit führenden Organisationspsychologen, der US-Amerikaner Peter Senge, mahnte in seinem berühmten Buch „Die fünfte Disziplin" die Notwendigkeit zum systemische Denken an. Demnach bilden „Systemdenken", „Personal Mastery", „Mentale Modelle", „Teamlernen" und „Gemeinsame Visionen" die fünf Säulen der „Lernenden Organisation", einem viel beachteten Leitbild für komplexe Unternehmen in einer dynamischen Umwelt. Senges Botschaften beziehen sich auf eine angemessene Analyse der jeweiligen Zusammenhänge und verweisen auf die Notwendigkeit umfassender und transparenter Kommunikation innerhalb eines Systems. Was die hier ins Visier genommene fünfte Disziplin angeht, so neigen wir nach Senge beispielsweise dazu, einzelne Menschen für Effekte verantwortlich zu machen, die in Wahrheit doch das Ergebnis eines ganzen Systems sind. Senges siebtes seiner elf „Gesetze der fünften Disziplin" lautet: „Ursache und Wirkung liegen räumlich und zeitlich nicht nahe beieinander."[145] Das Problem sei, dass dennoch die meisten Menschen automatisch von einer nahen Verbindung ausgingen. Die Realität komplexer Systeme passe aber nicht zu dieser einfachen Vorstellung, weswegen wir sie aufgeben müssten. Senge spricht in Fällen, in denen dieselbe Handlung kurzfristig völlig andere Auswirkungen hat als langfristig, von „dynamischer Komplexität"[146].

Genau diese Problematik spiegelt sich auch in der Vergabe individueller Boni wider. Den Erfolg eines Unternehmens, einer Abteilung oder eines Projektes zeitlich und räumlich auf eine bestimmte individuelle Leistung zurückzuführen, übersieht nämlich häufig die systemische Verbundenheit

---

[145] Peter M. Senge: Die fünfte Disziplin; Kunst und Praxis der lernenden Organisation, 11. Aufl., Stuttgart 2011, S. 80.

[146] Peter M. Senge: Die fünfte Disziplin; Kunst und Praxis der lernenden Organisation, 11. Aufl., Stuttgart 2011, S. 90.

der Mitarbeiterinnen und Abteilungen. Ebenso lässt sie außer Acht, dass eine dynamische Komplexität vorliegen könnte, also Ursache und Wirkung insbesondere zeitlich so weit voneinander entfernt sein können, dass man sie ohne systemisches Verständnis nicht mehr in Zusammenhang wähnt. Die Vergabe und Bemessung eines individuellen Bonus ist daher einer großen Fehleranfälligkeit und Willkür ausgesetzt, unabhängig davon, ob er vorab mit dem entsprechenden Mitarbeiter vereinbart wurde. So können plumpe finanzielle Anreize zwar vielleicht eine kurzfristig und punktuell motivierende Wirkung besitzen. Möglicherweise besteht aber gar kein Zusammenhang zwischen Anreiz, Leistung und Erfolg. Darüber hinaus kann der gesetzte Anreiz sogar eine Wirkung entfalten, die dem Unternehmen schadet, weil die Konzentration auf kurzfristige Erfolge langfristig einen Schaden für das Unternehmen verursachen kann.

Sogar im Vertrieb, wo man im ersten Moment geneigt ist, die Verbreitung einer mitunter kräftigen Umsatz- oder Absatzbeteiligung als selbstverständliche, kluge und leistungsgerechte Lösung dem jeweiligen Vertriebler zuzuschreiben, trifft man auf Ungereimtheiten. Die Interdependenzen beispielsweise zwischen Vertrieb, Produktion, F&E, Marketing und Verwaltung sind so intensiv und vielfältig, dass der Verkaufser- oder misserfolg keinesfalls einfach der Leistung oder dem Versagen der Vertriebler zugeschrieben werden kann. Vielmehr liegen die Gründe möglicherweise jenseits deren Einflussbereiches. So kann etwa die Entwicklung eines einzigartigen oder qualitativ überragenden Produktes eine ungeheure Nachfrage auslösen, die dem Vertrieb in den Schoß fällt. Eine hohe Fehlerquote in der Produktion kann hingegen die Verkaufsargumente des Vertriebs verhageln. Eine Kürzung des Werbebudgets kann die Nachfrage und damit den Vertriebserfolg deutlich reduzieren. Ein gutes Marketingkonzept kann den Verkaufserfolg wiederum massiv steigern. Die Liste solcher Beispiele ließe sich um einige erweitern.

Nun mag man einwenden, dass dennoch die individuellen Leistungen mehrerer Mitarbeiterinnen, die exakt unter denselben Bedingungen arbeiten, horizontal verglichen und auf der Basis dieses Vergleichs mit einem Bonus angereizt werden könnten. Das kann in der Tat unter bestimmten Bedingungen zumindest eine Zeitlang funktionieren. Diese Anreizmethode wurde zum Beispiel bei der Akkordarbeit an Fließbändern angewendet. Doch taucht selbst bei dieser eindimensionalen und übersichtlichen Tätigkeit stets das Problem auf, dass eine Standardleistung definiert werden muss, aus deren Übererfüllung sich dann die Höhe des Bonus bemisst. Erreicht bei zu vielen Mitarbeitern die Übererfüllung einen zu hohen Wert, passt man den Standard nach oben an, was für alle mehr Leistungsdruck oder weniger Bonus bedeutet. Das wiederum führt zu dem unbeabsichtigten Lerneffekt, dass sich die Belegschaft explizit oder insgeheim auf eine Drosselung der Produktionsgeschwindigkeit einigt, um ihre Selbstausbeutung zu vermeiden. Wer zu weit aus der Reihe tanzt, wird von den Kollegen sozial sanktioniert und wieder in die Spur geholt. Einer leistungsorientierten Organisationskultur dient das nicht.

Dieses Grundmuster der langfristigen Leistungsdrosselung aufgrund eines kurzfristig angelegten individuellen Bonussystems ist nicht in allen Bereichen und Ebenen der Wertschöpfung so leicht zu erkennen wie bei Fließbandarbeiten. Die in der vorliegenden Abhandlung analysierte Kernthematik bezieht sich weniger auf einfache bildungsextensive Arbeiten als auf solche Leistungen, die eben nicht auf der Grundlage einfacher Anweisungen erfolgen sowie umfassend überprüft und dokumentiert werden können. Meistens sind in diesen Bereichen auch die Bedingungen innerhalb einer Hierarchieebene und Abteilung gar nicht exakt dieselben. So kann selbst im Vertrieb die Aufteilung von Gebieten oder Kunden zwar formal ausgewogen sein, aber inhaltlich – beispielsweise in Gestalt der Handhabbarkeit schwieriger Kunden – erheblich voneinander abweichen. In diesem Fall besteht dann selbst innerhalb eines solchen vermeintlich einfachen Bonusmodells die große Gefahr einer kurzfristigen Motivation des einen bei gleichzeitig langfristiger Demotivation der anderen. Und da in der obigen Argumentation des neuen Paradigmas die Wirkung einer extrinsischen Motivation als sehr gering und nicht andauernd gilt, die demotivierenden Effekte hingegen schwerwiegend, nachhaltig und viral sind, ist die Gefahr eines negativen Gesamteffekts groß. Es sind viele weitere Konstellationen dieser Art vorstell- und beobachtbar. Sie tragen großes Potenzial für eine dauerhafte Demotivierung der Belegschaft in sich. Sie sollte so weit wie möglich vermieden werden.

Mit individuellen Bonussystemen können Mitarbeiterinnen sogar gerade im Vertrieb leicht zu einem Fehlverhalten verführt werden, wenn das Management mit finanziellen Anreizen für eine Erhöhung der Verkaufszahlen lockt. Jeder kennt den Sketch von Loriot, in dem ein Mann einen Anzug kaufen möchte und vom Verkäufer, der ein großes Interesse am Verkauf hat, bei der Anprobe „beraten" wird. Doch obwohl keines der Kleidungsstücke wirklich passt, redet der Verkäufer das Outfit jedes Mal schön. Die zu kurzen Beine trügen sich aus, zu lange gingen ein. Im Ergebnis kauft der Kunde im Vertrauen, gut beraten zu sein. Seine spätere Enttäuschung kann sich der Zuschauer denken. Der Mann wird wohl nie wieder dort einkaufen. Nun verhält es sich bei unserer ernsten Thematik unter Umständen komplizierter. Aber das Grundmuster bleibt dasselbe. So besteht zum Beispiel in vielen größeren Technologieunternehmen das bekannte Problem, dass im Bereich von Werkverträgen Vertrieblerinnen und Verkäufer ihren Kunden Leistungen oder Qualitäten versprechen, welche im Endeffekt (noch) gar nicht existieren. Manchmal kann die dadurch meist unter Stress gesetzte Produktionsabteilung dieses Problem lösen, manchmal aber auch nicht, was nachvollziehbar die Kundschaft verärgert und dem Ruf des Unternehmens langfristig schaden wird. Auch in diesem Fall führt der umsatzabhängige individuelle Bonus von einer kurzfristigen Gewinnsteigerung zu einem langfristigen Gewinnverlust. Die Liste solcher Zweck verfehlenden Anreize ist lang und reicht vom Schönreden eines Kleidungsstückes im Modekaufhaus über unsachgemäße Anlageberatung von Investmentbankern bis hin zu Betrügereien von Autobauern, wie sie im Diesel-Abgas-Skandal aufgedeckt wurden. In all diesen Fällen werden unter dem Anreiz von Bonuszahlungen, Zielvereinbarungen und Umsatzbeteiligungen nicht nur Kunden geschädigt, sondern mittel- und langfristig auch das Unternehmen selbst.

Das formale Ziel einer Gewinn- oder Umsatzsteigerung – oder gar „Gewinnmaximierung"[147], wie es heißt – könnte mit dieser Methode bestenfalls auf einen kurzfristigen Zeithorizont ausgelegt sein. Eine nachhaltige Gewinnerzielung wird hierdurch aber konterkariert und gefährdet unter Umständen sogar das langfristige Fortbestehen einer Unternehmung. Nachhaltig kann der Motivationseffekt, wenn er denn überhaupt existiert, schon allein deshalb nicht sein, weil er durch die Notwendigkeit zur permanenten Wiederholung bereits von den Mitarbeiterinnen eingepreist wird und an Bedeutung stetig verliert. Dieser Zusammenhang findet auch in der jüngsten psycho- bzw. neurologischen Forschung seine Bestätigung, die mittlerweile gut erklären kann, dass sich in der sich wiederholenden Belohnung gleicher Natur schnell ein Abnutzungseffekt einstellt. So illustriert

---

[147] Zu meiner Kritik am Konzept und Begriffsverwendung von „Gewinnmaximierung" siehe Abschnitt „Paradigmenwechsel in Theorie und Praxis" sowie „Die Unzulänglichkeit des Homo oeconomicus".

Gerhard Roth: „Das erste Stück Schokolade, das man in der Kindheit kostet, schmeckt herrlich, die erste Verliebtheit, das erste richtige Gehalt, die erste Beförderung sind unvergesslich. (...) die fünfte Beförderung wird nur noch nebenbei registriert."[148] Belohnungen, materielle wie soziale, verlören schnell ihre Wirkung; „nur intrinsische Belohnung ist langfristig wirksam."[149] Fazit: Das Bonusprinzip ist entgegen landläufiger Meinung keine probate Standardlösung für nachhaltige Motivation und Erfolg.

Als letzter Punkt sei hier noch eine nachdenkliche Bemerkung des bekannten Schweizer Ökonomieprofessors Bruno Frey erwähnt, der den ungeheuren Drang zu quantitativen Messungen, den die Digitalisierung nochmals angeheizt habe, auch die Grenzen der Messbarkeit aufzeigt. So schreibt er unter anderem: „Anerkennung durch andere Personen ist ebenfalls ein Bereich, bei dem Messbarkeit geradezu verpönt ist. Persönliche Wertschätzung lässt sich nicht sinnvoll quantitativ erfassen. Auszeichnungen in Unternehmen und anderen Organisationen drücken eine nicht messbare Anerkennung aus, im Gegensatz zu leistungsorientierten Boni."[150]

So einleuchtend das weitverbreitete Managementinstrument der Zielvereinbarung mit individuellem Bonus innerhalb des neoklassischen Paradigmas auch erscheinen mag, ist es zum Scheitern verurteilt und produziert sowohl bei Vorgesetzten wie Dienstbefohlenen kaum mehr als Zeitverschwendung, Frustration und Ärger. Es erhöht den bürokratischen Aufwand, verringert die Flexibilität, provoziert strategisches Verhalten und führt zur Vernachlässigung solcher Faktoren, die trotz ihrer großen Bedeutung kein expliziter Bestandteil einer Zielvereinbarung sind, weil fälschlicher Weise als gegeben eingeordnet werden. Sie unterliegen der naiven Vorstellung, dass alles, was gut war, bestehen bleibt, und die vereinbarte Fokussierung auf spezielle Aspekte nur aus ungenutzten Reserven der Mitarbeiter gespeist werden. Ein individuelles Bonussystem stellt sich in dieser Perspektive als höchst problematisch dar. Seine Installation sollte sehr kritisch geprüft und im Zweifel ausgeschlossen werden.

---

[148] Gerhard Roth: Über den Menschen, 2021, S. 92.

[149] Gerhard Roth: Über den Menschen, 2021, S. 336.

[150] Bruno S. Frey: Grenzen der Messmanie, in: DIE ZEIT Nr. 40/2017, 28. September 2017.

XI. Wesensmerkmale einer zeitgemäßen Personalführung

Aus den vorangehenden Erörterungen lassen sich nun folgende handfeste Schlüsse für die Anforderungen an eine gute, moderne Führung ziehen. Als erstes lässt sich festhalten, dass jede Führungsaufgabe in Unternehmen oder anderen Organisationen, ihrer Art nach generalistischer, ganzheitlicher und systemischer Natur ist. Gute Führung erfordert deshalb Über- und Weitblick sowie die Fähigkeit, zur Belegschaft ein Vertrauensverhältnis aufzubauen. Die Idealvorstellung einer Organisation im Allgemeinen und eines Unternehmens im Besonderen ist in dieser Perspektive die eines lebenden „Organismus'". Dieser Begriff verweist auf eine Analogie zur Biologie. Durch die aktive Auseinandersetzung mit der Außenwelt (Stoffwechsel) sowie einer inneren funktionsteiligen Prozessabstimmung der Systemelemente (Organe) stellt sich ein Organismus als lebendiges, selbstregulierendes System innerhalb klarer interner Regeln dar. Ein solches System ist somit prinzipiell in der Lage, auf Veränderungen und Turbulenzen seiner Umwelt mit Anpassung oder Abwehr zu reagieren. Ein Organismus lernt in diesem Sinn aus der permanenten Auseinandersetzung mit der Außenwelt. Auf diese Lernfähigkeit machte explizit der bekannte US-amerikanische Organisationspsychologe Peter Senge aufmerksam, der auf die von ihm sogenannte „fünfte Disziplin" setzt, welche das systemische Denken betrifft. Sie sei eine entscheidende Säule für die „lernende Organisation".[151]

In hochentwickelten Volkswirtschaften existiert eine Vielzahl unterschiedlichster Unternehmen und anderer Organisationen. Sie alle bieten Produkte und Dienstleistungen an, die sie innerhalb arbeitsteiliger Strukturen erstellen. Dabei bezieht sich die Arbeitsteilung nicht mehr allein auf den reinen Produktionsprozess, sondern schließt auch neben Dienstleistungen die zum Teil sehr komplexen administrativen Tätigkeitsbereiche ein. Für Unternehmen haben sich bislang typische Aufteilungen bewährt, zu denen etwa Produktion, Vertrieb, Beschaffung, Marketing, Forschung und Entwicklung, Rechnungslegung, Rechtswesen, Personalwirtschaft und interne und externe Kommunikation gehören, die jeweils weiter nach Maßgabe der Erfordernisse, Möglichkeiten und Unternehmensgröße unterteilt werden. Es

---

[151] Peter M. Senge: Die fünfte Disziplin. Kunst und Praxis der lernenden Organisation. 11. Aufl., 2017.

handelt sich hierbei um Arbeits- und Funktionsteilungen, die im Allgemeinen unabhängig vom konkreten Unternehmenszweck zur Effizienz- und Produktivitätssteigerung bewährt haben. Dieses Aufteilungsmuster ist allerdings nicht in Stein gemeißelt und könnte sich je nach Anforderung durchaus erweitern oder sogar verengen. In einer hochkomplexen Wissensgesellschaft ist der Grad der Arbeitsteilung und der fachlichen Spezialisierung grundsätzlich sehr hoch. Ein Großunternehmen hat tausende von sogenannten Wissensarbeiter aus zig Bereichen – Ingenieure, Betriebswirtinnen, Personalfachleute, Buchführer, Rechnungslegerinnen, Kommunikationsexperten, Designer, Rechtsberaterinnen, Statistiker, Planungsexperten, Informatiker, Psychologinnen und Marketingexperten. Sie alle – möge jede und jeder von ihnen auch noch so viel Spezialwissen vorweisen – sind nur dann in der Lage, produktiv und effektiv zu arbeiten, wenn sie durch ein geschicktes Management entsprechend koordiniert werden. [152] Dazu gehören die Rekrutierung geeigneter Mitarbeiterinnen sowie deren Einsatz unter Berücksichtigung ihrer individuellen Stärken und Schwächen. Aber auch die Errichtung von geeigneten innerorganisationellen Institutionen und Organisationsstrukturen, in deren Rahmen sich die hochqualifizierten Mitarbeiter selbst als Team entwickeln und koordinieren können, ist Teil der Koordinationsleistung des Topmanagements – oder sollte es wenigstens sein.

Aus alledem ergeben sich für das Management folgende Erkenntnisse: Mit zunehmender Tiefe der Arbeitsteilung wächst der Spezialisierungsgrad und damit die Anzahl von Experten. Eine große Organisation beherbergt in einer additiven Logik zwar ein breites Spektrum an Know-how. Doch mit dem breit gestreuten Know-how wächst auch ein Problem: seine Koordinierung. Das stellt eine große Herausforderung für das Management dar, das die Vielzahl an spezifischem Fachwissen geschickt und umsichtig in den Dienst des Organisationszwecks stellen muss. Der Erfolg des Managements hängt somit ganz wesentlich davon ab, inwieweit ihm das gelingt. Dieser wichtige Punkt berührt – wie wir erörtert haben – das Thema Motivation in erheblicher Weise. Wenn Mitarbeiterinnen ihr spezifisches Fachwissen etwa als persönliches Machtwissen einsetzen und nur selektiv in strategischer Absicht preisgeben, schadet das dem Unternehmen. Ob dies geschieht oder gar zur unausgesprochenen Maxime wird, hängt stark

---

[152] Siehe hierzu auch Peter Drucker: Was ist Management, Kapitel 13 „Effektivität muss erlernt werden.

ab von der Organisationskultur, für die die erste Führungsetage die meiste Verantwortung trägt. Die intrinsische Motivation, persönliches Wissen vollumfänglich für den Unternehmenszweck einzusetzen, wird zudem ausgebremst, wenn die vom Management vorgegebene Aufbau- und Ablauforganisation träge und dauerhaft wenig effektiv sind sowie notwendige Reorganisationen trotz sich anhäufender Einwende und Kritik der Belegschaft und Abteilungsleitungen ausbleiben.

Für die Prägung einer guten Organisationskultur spielen darüber hinaus folgende einfache, aber häufig missachtete Führungsprinzipien eine große Rolle: Vorbildliches Verhalten, gerechte Verteilung von Rechten, Pflichten, Lohn und Arbeit, gegenseitiger Respekt und Wertschätzung über alle Hierarchiestufen hinweg, Solidarität und Fürsorge, Fehlertoleranz sowie Partizipation, das heißt Information, Konsultation und Kooperation bis hin zu gemeinschaftlichen Entscheidungsprozessen, dort, wo sie sinnvoll und realisierbar sind. Je weniger Hierarchiestufen dabei zu überwinden sind, desto besser lassen sich diese Prinzipien umsetzen. Bei der Rekrutierung von Mitarbeitern ist zudem zu berücksichtigen, dass ein Unternehmen nur dann intrinsisch motivierte Bewerber anzieht, wenn es mehr zu bieten hat als nur gute Bezahlung. Diese Erkenntnis hat sich mittlerweile herumgesprochen und findet ihren Ausdruck etwa im sogenannten „Arbeitgeberbranding", um das sich immer mehr Unternehmen und Organisationen angesichts eines zunehmenden Mangels an hochqualifizierten Fachkräften kümmern. Nicht selten handelt es sich dabei allerdings nur um Lippenbekenntnisse, die zynisch auf die Belegschaft wirken und damit eher negative Effekte auslösen. Das reale Profil eines Arbeitgebers sollte mindestens ein angenehmes Betriebsklima, individuelle Entwicklungsmöglichkeiten und im Idealfall eine sinnstiftende Tätigkeit beinhalten.

Die Höhe der finanziellen Vergütung, die bei den meisten Unternehmen immer noch im Vordergrund scheinbarer Motivation steht, ist zwar im neuen Paradigma nicht bedeutungslos. Doch ist sie nur dort von großer Relevanz, wo sie negativ auffällt. Wenn in einer Gehaltshöhe im horizontalen oder vertikalen Vergleich offensichtliche Ungerechtigkeit zu Tage treten oder der Verdacht einer Geringschätzung aufkommt, wirkt das auf die Belegschaft immer negativ und demotivierend. Das Management wird hierdurch eher als Gegenspieler denn als Mitspieler wahrgenommen. Zu den Demotivationsfaktoren gehören somit erstens unmäßige Gehaltsdifferenzen zwischen den Hierarchiestufen, zweitens eine im Branchenver-

gleich unterdurchschnittliche Bezahlung sowie drittens organisationsinterne Gehaltsunterschiede bei gleicher Aufgabe und Leistung, worunter ka-
tegorisch oft Frauen und LeiharbeiterInnen zu leiden haben.

Gewiss muss ein Arbeitgeber für Angestellte oder Bewerberinnen, die eine
hohe Kompetenz ausstrahlen und ein großes Leistungspotenzial nachwei-
sen können, unter Umständen tiefer in die Tasche greifen. Wer aber glaubt,
allein mit hohen Gehältern auch besonders leistungswillige und loyale Mitarbeiter „einkaufen" zu können, muss sich auf Enttäuschungen gefasst machen. Wer mit diesem rein materiellen Köder angelt, bei dem werden vor
allem diejenigen anbeißen, deren größte Wertschätzung dem Geld gilt.
Und sie werden die ersten sein, die das Unternehmen verlassen, sobald sich
ihnen bessere Verdienstmöglichkeiten bieten. Oder sie werden auf kurz o-
der lang den geringstmöglichen Einsatz leisten – entsprechend dem wirtschaftlichen Verhaltensprinzip des Homo oeconomicus. So wird sich in
oben beschriebener Weise die Gewinnmaximierungsdoktrin nähren und
viel Energie im innerorganisationellen Verteilungskampf verschwendet.

Das alte Paradigma der vollständigen Steuerbarkeit, in dem die Vorstellung herrscht, man könne Mitarbeiterinnen quasi durch ein anreizgestütz-
tes Finetuning so anleiten, dass sie tatsächlich ihr Bestes für das Unternehmen geben, ist längst reformfällig. Es passt nicht mehr in die Zeit und sollte
ersetzt werden durch ein Paradigma des Entfaltungsmanagements. Hierfür
steht die Maxime, jedem einzelnen Mitarbeiter eine größtmögliche Teil-
habe an Gestaltungsprozessen im Bereich der jeweiligen Expertise und
Neigung einzubringen. Nur dann hat man die Chance, alle Potenziale der
Mitarbeiterinnen freizusetzen und sie zum Wohl der Unternehmung, der
Organisation, der Belegschaft und der Gesellschaft motivieren können. Ein
geschicktes Personalmanagement würde sich meiner Einschätzung nach
dann vor allem durch folgende Merkmale auszeichnen:

1.   Erstes Gebot ist, die Vorbildfunktion der Führungskräfte ernst zu
       nehmen. Konkret heißt das, die offen kommunizierten Prinzipien
       und erlassenen Vorschriften auch selbst korrekt einzuhalten. Was-
       ser zu predigen und Wein zu trinken, hat immer schlechten Ein-
       fluss auf die Motivation der Belegschaft.

2.   Gezielt intrinsisch motivierte Mitarbeiter anwerben und einstellen.
       Dabei sollten die Gehaltsvereinbarungen eine untergeordnete
       Rolle spielen.

3. Sofern Managerinnen über eine charismatische Persönlichkeit verfügen, die Mitarbeiter stark binden und mit Hilfe vorbildlichen Verhaltens begeistern können, lässt sich auch bei Menschen, die nach Orientierung suchen, eine starke intrinsische Motivation auslösen.

4. Die anstehenden Aufgaben den jeweils am besten dafür geeigneten Personen anvertrauen, deren Expertise man dann auch ein Grundvertrauen entgegenbringen sollte. Das hat neben dem Vorteil, dezentrales Wissen bestmöglich nutzbar zu machen, auch einen großen Einfluss auf die Wertschätzung und damit den Erhalt intrinsischer Motivation.

5. Eine Kommunikation „bottom up" kultivieren. Also stets ein offenes Ohr für Verbesserungsvorschläge und Missstände der Mitarbeiterinnen und Mitarbeiter haben, die durch konkrete Erfahrungswerte an ihrem jeweiligen Arbeitsplatz die beste Expertise besitzen.

6. Dafür sorgen, dass niemand mit den anvertrauten Aufgaben weder dauerhaft überfordert noch unterfordert ist. Angestrebt werden sollte möglichst ein mittlerer Herausforderungsgrad. Er sorgt abgesehen von anderen Faktoren insbesondere bei leistungsorientierten Menschen für die größte Selbstmotivation.

7. Die spezialisierten Abteilungen effizient und effektiv koordinieren. Das heißt: Herstellung einer Organisationskultur, die auch die Spielregeln für verknüpfte Prozesse und den offenen Informationsfluss zur Maxime macht (regelmäßiger Austausch, Installation von Institutionen, die einen barrierefreien und informellen Informations- und Erfahrungsaustausch ermöglichen und anregen).

8. Verantwortlichkeiten vollständig und eindeutig bestimmten Abteilungen und Mitarbeiterinnen zuordnen und in die jeweils tiefst mögliche Hierarchieebene legen (Subsidiaritätsprinzip).

9. Bewusstsein der Fürsorgepflicht bei dem hierarchisch nachgeordneten Führungspersonal schärfen. Das Recht einräumen, zuverlässige supervisionäre Hilfestellung vom jeweils nächsten Vorgesetzten zu verlangen.

10. Ungerechtigkeiten und Hindernisse im System und der Organisationsordnung Botton-up evaluieren und Top-down konsequent be-

seitigen. Dazu gehört auch ein gerechtes und transparentes Entlohnungssystem.

11. Personelle und organisatorische Konflikte offensiv und frühzeitig klären. Am besten ein festes Prozedere zur Konfliktbeseitigung institutionalisieren.

12. In angemessenen Abständen den Organisationszweck identifizieren, kritisch auf Aktualität überprüfen, konkrete Nah- und Fernziele ableiten und alles stets gründlich intern über alle Hierarchiestufen hinweg kommunizieren. Mitarbeiter müssen Entscheidungen des Managements nachvollziehen können, um nicht misstrauisch oder gar respektlos darauf zu reagieren. Das regt außerdem zur Reflektion der Entscheidungen des Managements an.

13. Regelmäßig durch kommunikativen Austausch, gemeinsame Erlebnisse und Rituale den sozialen Zusammenhalt des Teams (Gruppenkohäsion) stärken.

14. Allen Mitarbeiterinnen auf eine glaubwürdige Weise Wertschätzung entgegenbringen. Angst vor Arbeitsplatzverlust vermeiden, aber auch in berechtigten Fällen Fehlverhalten konsequent, aber verhältnismäßig sanktionieren sowie eine faire Trennung von dauerhaft unmotivierten Mitarbeitern verfolgen, was allerdings nicht mit dem Rausschmiss kritischer Kollegen verwechselt werden sollte.

15. Flexibilität des Systems und Veränderungsbereitschaft des Teams wachhalten, um auch auf nicht prognostizierbare Turbulenzen reagieren zu können. Dazu gehört auch, Statusverhalten klein und Hierarchien flach zu halten sowie den Aufbau von Silos, also die Entwicklung von gruppenegoistischen Abteilungszielen und den damit verbundenen Grabenkämpfen, zu verhindern.

16. Intrapreneurship (Binnenunternehmertum) – also das organisationsinterne Unternehmertum im Sinne Schumpeters – durch eine risikofreudige und Kreativität zulassende Experimentierkultur fördern oder jedenfalls nicht zu behindern. Eventuell ein System für die Zuführung von Risikokapital oder Sonderbudgets an organisationsinterne Intrapreneure einführen. Hierbei aber darauf achten, dass die eigentliche Verteilung von Verantwortlichkeiten innerhalb der Organisation damit nicht vollkommen in Konflikt gerät.

17. Zur Veränderungsbereitschaft und innovativen Initiativen gehört

auch eine tolerante Fehlerkultur. Das heißt insbesondere, ein Scheitern nicht per se der Unfähigkeit desjenigen Mitarbeiters zuzuschreiben, der mit guten Argumenten einen Versuch der Veränderung oder Innovation angeregt oder unternommen hat. Darüber hinaus sollte ein milder Umgang mit jeglicher Art von Fehlern kultiviert werden, da wir alle fehlbar sind. Gleichzeitig sollte die Lernbereitschaft eingefordert werden, dieselben Fehler nicht zu wiederholen.

Unter dem Vorbehalt, bei dieser Aufzählung wahrscheinlich nicht alle Aspekte und Notwendigkeiten lückenlos bedacht zu haben, wage ich dennoch die These, dass man für eine motivierte Belegschaft und die fruchtbare Zusammenarbeit nicht viel mehr tun muss und kann. Ein paar Wohlfühlaspekte könnten der obigen Aufzählung gewiss noch hinzugefügt werden: Eine ansprechende Gestaltung und gesundheitsorientierte Ausstattung des Arbeitsplatzes, eine gute Kantine, die Bereitstellung von Getränken und Obst, eventuelle Möglichkeiten zur zwischenzeitlichen Entspannung und Ähnliches mehr. Sich allein darauf zu konzentrieren, reicht aber bei Weitem nicht aus und kann sogar als Zynismus ausgelegt werden.

Unserem obenstehenden Positivkatalog möchte ich noch einen Negativkatalog des legendären Qualitätsmanagers William Edwards Deming anfügen. Deming hat aus seinen wertvollen praktischen Erfahrungen "Sieben tödliche Krankheiten eines Managementsystems"[153] identifiziert, wobei für unsere Zwecke die Krankheiten eins bis fünf von Interesse sind. Sie klingen trotz ihres Alters äußerst modern, weshalb sie umso bemerkenswerter sind. Erstaunlich ist ebenfalls, wie sie bedauerlicherweise in Lehre und Forschung in Vergessenheit geraten und den volatilen Modewellen der Beratungsindustrie zum Opfer gefallen konnten:

1. Fehlen eines feststehenden Organisationszwecks

2. Betonung des kurzfristigen Gewinns

3. Jährliche Bewertung, Leistungsbeurteilung und persönliches Beurteilungssystem

4. Hohe Fluktuation in der Organisationsleitung, Springen von Firma zu Firma

---

[153] Siehe hierzu beispielsweise Wikipedia: William Edwards Deming.

5.   Verwendung von Kenngrößen durch das Management – ohne Berücksichtigung von solchen Größen, die unbekannt oder nicht
quantifizierbar sind

6.   Überhöhte Sozialkosten

7.   Überhöhte Kosten aus Produkthaftpflichturteilen

Deming leitet diese 7 Krankheiten aus 14 Grundsätzen ab. Darin fordert er
unter anderem die Beseitigung einer Atmosphäre der Angst durch Förderung der internen Kommunikation, die Auflösung einer Abschottung der
Bereiche (Silos) sowie den Verzicht auf Vollkontrollen und zahlenmäßige
Leistungsvorgaben für die Mitarbeiter. Stattdessen rät er dazu, Managementmethoden zu verwenden, die einzelnen Mitarbeitern helfen, ihren Job
besser zu machen. Und er betont die Bedeutung, sich permanent um die
Verbesserung der Prozesse zu bemühen, das heißt, sich nicht selbstzufrie-
den an einem optimalen Punkt zu wähnen.

Demings Grundhaltung erinnert an Karl Popper, der in seinem wissenschaftstheoretischen Konzept des „Kritischen Rationalismus" ebenfalls davon ausgeht, dass der Erkenntnisprozess zu keinem endgültigen Ende
kommt, man in der Wissenschaft bestenfalls durch eine skeptische, kritische Haltung Ungereimtheiten und Fehler aufdeckt, bessere Erklärungsan-
sätze entwickelt und dadurch der endgültigen Wahrheit zwar näherkommt,
jedoch niemals sicher sein kann, sie bereits erreicht zu haben. Popper leitet
in seinem Vortrag „Duldsamkeit und intellektuelle Verantwortlichkeit"
von diesen Grundsätzen eine Ethik für akademische Berufe ab, in dessen
Mittelpunkt ein produktiver Umgang mit Fehlern steht.[154]

Zurecht hat in jüngerer Zeit das Thema „Fehlertoleranz" Einzug in die Diskussion um Management und Organisationskultur gefunden. Die ständige
Offenheit zur möglichen Verbesserung zu bewahren, ist in der wissenschaftlichen Praxis genauso schwierig wie in der wirtschaftlichen und erfordert eine Organisationskultur, die das Aufdecken von Fehlern und
Schwachstellen weder den Entdecker noch den „Ertappten" und auch nicht
den Überbringer der schlechten Nachricht diskreditiert. Hinter dieser Fehlertoleranz steckt keine Gleichgültigkeit gegenüber Fehlern, sondern eine
Erkenntnis, mit der wir Menschen uns häufig schwertun: Wir alle machen

---

[154] Karl Popper: „Duldsamkeit und intellektuelle Verantwortlichkeit", Dankesrede zur Verleihung des Dr. Leopold-Lucas-Preises 1981.

Fehler und sollten uns deshalb diese gegenseitig mit Leichtigkeit verzeihen. Zwar sind wir angehalten, Fehler weder aus Nachlässigkeit oder Lernunwilligkeit zu begehen, doch ist niemand vor Fehlern gefeit. Voltaire brachte es auf die Frage, was ist Toleranz, mit den folgenden Worten so wunderbar auf den Punkt:

„Es ist die schönste Gabe der Menschlichkeit. Wir sind alle voller Schwächen und Irrtümer; vergeben wir uns also gegenseitig unsere Torheiten. Das ist das erste Gebot der Natur."[155]

Unter der realistischen Annahme, dass wir alle aus Unzulänglichkeit Fehler und Fehleinschätzungen begehen, und wir – worauf die vorliegende Abhandlung intensiv hingewiesen hat – in einer Welt voller Ungewissheiten leben, ist es nicht nur ethisch geboten, die Meinung, Schlussfolgerung oder Zweifel anderer ernsthaft zu prüfen und zu berücksichtigen. Es ist auch vernünftig, gemeinsam im Gedankenaustausch, Abwägen von Argumenten und berechtigten Einwenden die besten Erklärungen, Entscheidungen und Maßnahmen zu finden. Genau hierin liegt letzten Endes die Chance, in Teamarbeit mehr und nicht weniger hervorzubringen als die Summe der individuellen Potenziale ergibt. Hier besitzt ein modernes Management eher die Funktion einer Moderation als die einer einsamen, mitunter überheblichen Entscheidungsinstanz. Die Gefahr, dass in einer arbeitsteiligen Organisation durch ein falsch verstandenes Management die verschiedenen Expertisen und Informationen der Mitarbeiter aus einem Statusverhalten heraus nicht ausreichend genutzt werden, ist groß. Wie sei es sonst, so fragt Senge, zu erklären, dass ein Team von engagierten Manager, die jeweils einen individuellen Intelligenzquotienten von über 120 haben, einen kollektiven IQ von nur 63 aufweisen?[156] Hinzu kommt die Gefahr, dass zahlreiche Managerinnen und Mitarbeiter aller Ebenen nur noch wenig Initiative und Verantwortung übernehmen. In einer Organisation, in der Fehlervermeidung die höchste Direktive ist und zum wesentlichen Kriterium beruflicher Karriere wird, ist ein risikoarmes Verhalten die logische Konsequenz. Doch diese Verflüchtigung von Verantwortung führt letztendlich zum Stillstand, dem größten aller Fehler, den eine Organisation begehen kann.

---

[155] Voltaire, Philosophisches Wörterbuch (Dictionnaire philosophique portatif), Genf u. London 1764, übers. von A. Ellissen 1844.
[156] Peter M. Senge: Die fünfte Disziplin; 2011, S. 20.

Abschließend seien unter der Rubrik modernes Management noch ein paar Aspekte zum Thema „Homeoffice" angeführt, das in jüngster Zeit verstärkt diskutiert wird. Das Arbeiten Zuhause blieb Angestellten gerade in Deutschland lange Zeit tendenziell versagt. Erst die Einschränkungen der Corona-Pandemie eröffnete größeren Teilen der abhängig Beschäftigten diese Alternative. Mittlerweile lassen sich durch praktische Erfahrungen Vor- und Nachteile des Homeoffice klarer erkennen. Sie zeigen, dass sich eine pauschale Beurteilung dieser Arbeitsweise verbietet. Sie sollte hingegen unter Abwägung der jeweiligen Tätigkeit und individueller Situationen getroffen werden.

Zunächst ist es evident, dass die Arbeit im Homeoffice natürlich nur möglich ist, wenn diese nicht die physische Anwesenheit unerlässlich macht. Das gilt für viele Berufe: Pflegebereich, Handwerk, medizinische Versorgung, Polizei, Feuerwehr, Handel, Produktion und Ähnlichem mehr. Wohingegen häufig im vornehmlich administrativen Bereich die körperliche Anwesenheit für die eigentliche Leistung nicht zwingend erforderlich ist. Insbesondere durch die Digitalisierung haben sich die Möglichkeiten diesbezüglich radikal erweitert. Dennoch war und ist das Misstrauen vieler Arbeitgeber gegenüber der Gewissenhaftigkeit im Umgang mit den entstehenden Freiräumen ihrer Mitarbeiterinnen, die üblicherweise auf der Grundlage standardisierter zeitlicher Bemessung entlohnt werden, groß. Dahinter steckt sowohl ein Menschenbild, das in seiner moralischen Leere und dem Primat des Eigennutzes dem Homo oeconomicus stark ähnelt, als auch die damit in Zusammenhang stehende Angst eines Kontrollverlustes seitens des Managements. Und auch die oben dargelegte Überschätzung der Steuerungsmacht sowie in extremeren Fällen möglicherweise sogar eine narzisstische Neigung von übermäßig machtorietierten Managern führen zu einer grundsätzlichen Ablehnung von Homeoffice, weil solche Persönlichkeiten eine besondere Befriedigung aus ihrer Machtausübung und dem direkten Zugriff auf „Untergebene" und deren Resonanz ziehen.

Die Erfahrungen mit der pandemiebedingten Praxis hat jedoch gezeigt, dass die Befürchtungen, das Personal verliere an Arbeitsdisziplin, im Allgemeinen unbegründet sind. Einige Unternehmen sehen mittlerweile zudem eine Möglichkeit, teure Arbeitsplatzkosten zu vermeiden. Hinzu beobachten sie zum Teil eine Produktivitätssteigerung, die auf ein höheres Maß an Eigenverantwortung und mitunter auf eine störungsfreie Arbeitsatmosphäre zurückgeführt werden können – vorausgesetzt man kann zu Hause störungsfrei arbeiten. Mitarbeiterinnen wiederum gewinnen den

Vorteil, Zeit für An- und Heimfahrt zu sparen und sich allein hierdurch vermehrt privaten Angelegenheiten widmen zu können. Außerdem lässt die Homeoffice-Regelung eine freiere Zeiteinteilung zu, so wie sie etwa Freelancer genießen. Und auch der Gesellschaft als ganze käme sowohl eine Reduzierung der Mobilitätskosten samt der mit ihr verbundenen Umweltschäden sowie zum Teil freigesetzter Immobilien für private Wohnraumnutzung zugute – zwei prioritäre Probleme unserer Gesellschaft. Das sieht zunächst nach einer klassischen Win-Win-Win Situation aus.

Soweit, so gut. Doch hat die Homeoffice-Lösung auch Nachteile, die sich ebenso durch ihre aktuelle Verbreitung gezeigt haben. Hier ist nicht zuletzt das Problem der Selbstausbeutung zu nennen. Gerade Mitarbeiter, die besonders gewissenhaft sind, neigen dazu, mehr zu arbeiten, als durch den Arbeitsvertrag abgedeckt ist. In dem Moment, wo die Arbeitszeit durch die physische Anwesenheit entgrenzt ist, spüren Mitarbeiterinnen nicht selten das Gefühl, mehr und intensiver arbeiten zu müssen, als sie dauerhaft mental verkraften können. Hier droht eine weitere Zunahme des Burn-out-Syndroms. Andere wiederum haben zu Hause nicht genügend Rückzugsmöglichen, müssen nebenbei auf Kinder aufpassen oder werden permanent durch andere Faktoren gestört. Um den Leistungsanforderungen dennoch nachzukommen, führt das oft zur Überforderung und Verlängerung des Arbeitstages, zuweilen bis in späte Stunden hinein. Wieder anderen fehlt der soziale Kontext, der einen Teil ihrer Identität und ihres Lebensinhaltes ausmacht. Das gilt vor allem für solche Mitarbeiter, die gewohnt waren, in einer angenehmen Organisationskultur zu arbeiten und sich eines wertschätzenden Umgangs im Kollegium zu erfreuen. Das birgt die Gefahr einer Demotivierung bis hin zu Depressionen. Zudem fehlt ein direkter fachlicher Austausch unter Kollegen, der wichtig für einen reibungslosen Arbeitsablauf und persönliche Partizipation ist. In solchen Fällen, wo ein schlechtes Betriebsklima herrscht und die Vorgesetzten eher nerven, wirkt das Arbeiten zu Hause hingegen befreiend. Doch ist dies sicherlich nur eine Second-Best-, wenn nicht gar eine Notlösung innerhalb einer schlechten Organisationskultur unter schlechter Führung. Für das Management wiederum erschwert sich die Aufgabe, einen Teamgeist zu erzeugen. Ohne eine regelmäßige Begegnung unter den Mitarbeitern sowie zwischen der Belegschaft und dem Management lassen sich persönliche Bindungen und Vertrauensverhältnisse schwerer herstellen.

Auf der Basis vorangegangener Aspekt ist eine individuelle Mischlösung, die den Arbeitsalltag für alle erfüllender und produktiver macht empfehlenswert. Vorstellbar ist etwa für feste Wochentage oder Monatswochen eine allgemeine Anwesenheit vorzuschreiben. Darüber hinaus ist es sinnvoll, regelmäßige informelle Zusammentreffen zu ermöglichen sowie gemeinsame soziale Rituale zu kultivieren. Ebenso sollte das Management verstärkt seinen Mitarbeitern für Supervisionen zur Verfügung stehen, sich als Kümmerer engagieren und denjenigen, die zu Hause keine Ruhe oder wegen sozialer Isolation ungenügenden Antrieb finden, die Möglichkeit eröffnen, jederzeit die betrieblichen Räume in Anspruch zu nehmen.

Gelegentlich ist zu hören, dass die Ideallösung darin bestehe, komplett auf Pflichtanwesenheit zu verzichten, sofern die Belegschaft sich dies wünsche. Doch dieser Vorschlag geht meines Erachtens zu weit, und zwar aus folgenden Gründen: Es ist erstens aus oben genannten Unterschieden der individuellen Lage und Neigung von Mitarbeiterinnen kaum vorstellbar, dass bezüglich einer solchen Extremlösung ein Konsens innerhalb der gesamten Belegschaft zu erreichen ist. Eine denkbare Mehrheitsentscheidung führt daher zwangsläufig zu echten Verlierern dieser scheinbar liberalen Lösung. Zweitens unterliegen die möglichen Synergieeffekte durch gemeinsame Arbeitszeiten naturgemäß keinen individuellen Entscheidungen, sondern können nur das Ergebnis von allgemeinen Vorgaben sein. Es gilt daher, solche Rahmenbedingungen festzulegen, die ein Höchstmaß an Zustimmung aller Mitarbeiterinnen herstellen. Drittens kann trotz aller hier vorgetragenen Einschränkungen der Steuerungsmacht des Managements dessen Anspruch auf einen direkten und barrierefreien Zugriff auf Mitarbeiter nicht vollständig ignoriert werden, selbst dann nicht, wenn ein großer Teil der Belegschaft gegen Pflichtanwesenheit jeglicher Art plädieren würde. Eine organisationsbezogen angepasste und partizipativ ausgewogene Mischung aus Homeoffice und Präsenzarbeit bleibt meiner Einschätzung nach daher der beste Rat

XII. Systemimmanente Blockaden des Paradigmenwechsels

Zum Schluss möchte ich noch einmal explizit die Frage aufgreifen, warum sich das alte Paradigma trotz seiner aufgeführten Schwächen so hartnäckig hält. Existieren nicht genug Argumente, die schon längst eine Kurskorrektur in Lehre und betrieblicher Praxis hätten herbeiführen müssen? Obwohl scharfsinnige Analysen bekannter Ökonomen wie Schumpeter, Keynes, Hayek, Senge, Lawson, Drucker, Deming, Popper, Albert, Coase, Brodbeck und einige weitere Wissenschaftler zum Teil schon vor Jahrzehnten entscheidende Hinweise geliefert haben, ist bislang nur eine kleine Tendenz oder bestenfalls ein leichter Trend zum Paradigmenwechsel in den Wirtschaftswissenschaften und der Managementpraxis erkennbar. Es existieren aktuell zwar durchaus beeindruckende Beispiele vorbildlicher Wissenschaftlerinnen, Autoren und Managerinnen, die die Zeichen der Zeit erkannt haben. Dennoch kann man noch nicht von einem umfangreichen Wandel sprechen, zumindest schreitet dieser nur sehr langsam voran. Zu diesem Befund kam in jüngerer Zeit Peter Senge, weltbekannter Organisationspsychologe und Gründer der Society for Organizational Learning, einer globalen Gemeinschaft von Unternehmen, ForscherInnen und BeraterInnen. Senge meint, die tief verwurzelten Einstellungen und Verhaltensweisen bräuchten nicht bloß Jahre, sondern Generationen, um sich zu verändern.[157]

Es gibt Managerinnen und Manager, die bereits das neue Paradigma bewusst oder instinktiv umsetzen. Andere fühlen sich möglicherweise durch die diskutierten Hinweise in ihrem aufkeimenden Gefühl, etwas an der gängigen Praxis ändern zu müssen, bestätigt oder bekommen argumentatives Futter für die Anwendung eines grundlegenden Alternativansatzes, der von Konservativen und Rückwärtsgewandten heute noch gerne als utopisch oder naiv belächelt wird. Es ist kein Geheimnis, dass die bremsende Fraktion noch in übergroßer Mehrheit die mächtigeren Positionen belegt. Und man darf sich darüber hinaus auch keine falschen Vorstellungen davon machen, wie das Personal reagieren würde, wenn man ihm urplötzlich neue Verantwortlichkeiten und Freiheiten gewähren oder sie mit ungewohnter verbaler Wertschätzung überschütten würde. Solch grundlegende

---

[157] Peter M. Senge: Die fünfte Disziplin; 2011, S. 5.

Veränderungen benötigen Vertrauen, und das wiederum setzt Glaubwürdigkeit und einen langen Atem voraus. Die notwendigen Veränderungen der Organisationskultur sind zweifelsohne eine echte Herausforderung. Und innovative Aktivitäten im Sinne Schumpeters stoßen immer auf soziale Widerstände. Sie beinhalten stets die Schwierigkeit, dass Veränderungen, ganz gleich welcher Art, von einem Teil der davon Betroffenen (zunächst) als Bedrohung oder Überforderung empfunden werden. Einige Mitarbeiter, die unter den Bedingungen des alten Paradigmas eingestellt und konditioniert wurden, werden das neue Paradigma meist ohnehin nicht für erstrebenswert halten. Die einen fürchten den Verlust von mühsam erworbenen Privilegien und dem Status der erreichten Hierarchieebene, der vielleicht sogar verbunden sein könnte mit Einbußen ihrer monetären Bezüge. Andere haben Angst vor mehr Eigenverantwortung, Eigeninitiative und Arbeitsaufwand.

Unter dem Strich haben wir es mit dem typischen Beharrungsvermögen eines selbstreferenziellen Systems, das sich immer wieder nach den eigenen Regeln reproduziert, zu tun. Da schließt sich die Frage an, wo die Grenzen dieses Systems verlaufen, welche Elemente dazu gehören und welche Relevanz sie jeweils besitzen? Ich habe versucht zu zeigen, worin ich eine wesentliche Stütze des alten Systems sehe, die es zu knicken gilt: die neoklassisch geprägte wirtschaftswissenschaftliche Lehre. Wenn man Peter Senges einleuchtende Botschaft von der „fünften Disziplin" ernstnimmt, dann muss man nicht die negativen Symptome bekämpfen, sondern deren Ursachen – eine alte Weisheit der Pathologie. Senge liefert hierzu ein pointiertes Zitat des erfahrenen und legendären Qualitätsmanagers Deming: „Wir werden unser vorherrschendes Managementsystem nicht transformieren können, wenn wir nicht auch unser vorherrschendes Ausbildungssystem transformieren. Sie bilden ein und dasselbe System."[158] Unter „Ausbildungssystem" für Managerinnen muss man insbesondere die vorherrschenden Curricula der Universitäten, Hochschulen und Wirtschaftsakademien verstehen. Der wirtschaftswissenschaftliche Fachbereich ist in der zweiten Hälfte des 20. Jahrhunderts geradezu explodiert. Das Berufsbild Manager hat einen unvergleichlich populären und anhaltenden Aufstieg erlebt, vom Projektmanagement bis zum Topmanagement. Diese dramatische Ausbreitung fand maßgeblich unter dem Eindruck des hier kritisierten alten Paradigmas statt, das auf eine utopische Steuerungsmacht, ein

---

[158] Zitiert bei Peter M. Senge: Die fünfte Disziplin; 2011, S. 3.

einseitiges Menschenbild, formaler mathematischer Exaktheit, unrealistischer Maximierungsmodelle und berechenbarer Zukunft ausgerichtet ist. In dieser Welt des „institutionellen Vakuums"[159] lebt der fiktive Homo oeconomicus, aber nicht der reale Homo sapiens. Hinzu kommt, dass die Anziehungskraft dieses Berufsbildes gewiss bei denjenigen wirkte, die sich durch die Aussicht hoher Gehälter extrinsisch motivieren ließen, was – wie im vorliegenden Buch argumentiert – keine Basis für echte Leistungsmotivation ist.

Nicht nur der stark expandierende Berufsstand der akademischen Manager wurde durch dieses unrealistische und irreführende Paradigma geprägt, sondern auch der Nachwuchs für Lehre und Forschung an den Hochschulen. An der paradigmatischen Transformationsträgheit haben demzufolge – abgesehen von einigen rühmlichen Ausnahmen – die selbstreferenziellen akademischen Kaderschmieden einen großen Anteil. Sie verteidigen zum großen Teil bis heute das althergebrachte Paradigma und wehren sich hartnäckig selbst gegen die besten Argumente. Andere teilen zwar bis zu einem gewissen Grad die Kritik am alten Paradigma, halten es aber aus Gründen des Lehrpragmatismus für angemessen, zunächst den traditionellen Stoff durchzunehmen, bevor man in hohen Semestern eventuell auch alternativen Ansätzen nachgeht. Letzterem Argument mag man zunächst noch etwas abgewinnen. Doch sind dabei zwei, wie ich meine, schwerwiegende Einwende zu bedenken:

Erstens ist die kognitive Aufnahmefähigkeit der Studierenden natürlich begrenzt. Die Lehrpläne müssen daher zwangsläufig Prioritäten setzen, die dann nicht im Übermaß aus überholten oder unfruchtbaren Inhalten bestehen sollten. Doch geht es den Professorinnen in Sachen Veränderung nicht besser als den Managern. Auch ihnen verlangt die Einführung neuer Ansätze zunächst deutlich mehr Arbeit ab, weil sie sich nicht mehr altbekannter Rezepte, Lehrbücher und Modelle bedienen könnten. Ohne der Professorenschaft Faulheit zu unterstellen, ist es immerhin allzu menschlich, wenn dieser Aspekt eine Rolle für die Transformationsträgheit spielt. Hinzu kommt die Gefahr eines gewissen Autoritätsverlusts, wenn man als Professor den mit viel Aufwand erlernten Wissensfundus teilweise nicht

---

[159] Albert kritisierte das neoklassische Paradigma der Wirtschaftswissenschaften schon 1967 in „Marktsoziologie und Entscheidungslogik" und forderte eine Soziologisierung des Forschungsprogramms.

mehr verwenden kann. Hier ist, wie in vielen Lebensbereichen, die Versuchung groß, die eigene Sozialisierung und erkämpften Karriereetappen als unabdingbar und notwendige Hürde für den Nachwuchs zu definieren. Auch das ist menschlich, bringt aber keinen Fortschritt.

Zweitens ist zu bedenken, dass die Studierenden durch die Vermittlung des neoklassischen Lehrstoffs schon zu Beginn des Studiums in ein Paradigma hineingeführt werden, dem sie erfahrungsgemäß später nur mit großer Anstrengung und intellektuellem Ehrgeiz wieder entkommen werden. Scharfe Kritiker sprechen hier gelegentlich sogar von einer „Verbildung" durch die neoklassische Theorie, die, sofern man ihrer Denkweise überhaupt wieder zu entfliehen vermag, dies nur mit viel Energie und kritischem Geist schafft. Dieser Weg ist zudem häufig mit sozialer Ausgrenzung verbunden. Die Mauern der alten Lehrpläne zu durchbrechen, ist äußerst mühselig und schwierig – schon allein deshalb, weil der wissenschaftliche Nachwuchs vom Establishment rekrutiert wird. In Deutschland beispielsweise sind die Verfahren zur Berufung auf eine Professur stark reglementiert. Und wer den Lehrstuhl schließlich besitzt, wird ihn nicht mehr verlassen. Die sicherlich zurecht sehr ernst genommenen Auswahlverfahren sollen wissenschaftliche Qualität sicherstellen, was durchaus ein wichtiges Argument darstellt. Doch leider sichert man mit der gängigen Praxis nicht nur eine objektive Qualität, sondern auch den Erhalt eines etablierten Paradigmas. In der Auswahl sowohl von Doktoranten und Habilitandinnen als auch von Lehrstuhlbesetzungen haben normalerweise diejenigen Kandidaten die besten Chancen, welche die Grundansichten der Ordinarien teilen, die in den Berufungskommissionen der Universitäten die höchste Entscheidungsmacht besitzen. Das ist menschlich, doch bleibt so die paradigmatische Ausrichtung angehender Wirtschaftswissenschaftler und Wissenschaftlerinnen auf lange Sicht weitgehend unverändert und damit auch die grundsätzlichen Managementansätze.

Auf einen weiteren Faktor, der zu einer Verkrustung der herrschenden Ansätze in den ökonomischen Fakultäten führt, haben jüngst der Nobelpreisträger James Heckman und sein Assistent Sidharth Moktan hingewiesen.[160] Sie kritisieren den übergroßen Einfluss bekannter Fachzeitschriften auf akademische Karrieren. Die Autoren nennen fünf Zeitschriften, deren

---

[160] James Heckman und Sidharth Moktan: Publishing and Promotion in Economics. The Tyranny of the Top Five. NBER Working Paper, September 2018.

Macht sie als die „Tyrannei der Top-Fünf" bezeichnen: American Economic Review, Econometrica, Journal of Political Economy, Quarterly Journal of Economics und Review of Economic Studies. Sobald es einem Wirtschaftswissenschaftler gelinge, in diesen Zeitschriften einen oder gar mehrere Artikel zu veröffentlichen, stiegen die Chancen auf eine Festanstellung an einer Universität erheblich. Hinzu komme, dass die Auswahlverfahren zum Teil sehr willkürlich und subjektiv seien. Die ideologischen und methodischen Vorlieben der Herausgeber hätten ein übermäßiges Gewicht, und es liege eine klare Tendenz vor, Kreatives und Unorthodoxes abzulehnen. Heckman und Moktan glauben zudem entdeckt zu haben, dass, wer gute Beziehungen zu den Herausgebern habe oder gar zu deren Schülern zähle, eine bevorzugte Behandlung erfahre. Dazu berechneten sie einen sogenannten „Inzest-Koeffizienten", der den selbstreferenziellen Charakter des akademischen Rekrutierungssystems bestätigt.

Die Wirkungskette besteht also nach Heckman und Moktan aus einer selektiven Auswahl des akademischen Nachwuchses nach dem Kriterium der Linientreue und Zugehörigkeit ausgesuchter Akademien und Veröffentlichungszirkel. Dieser Befund passt sehr gut zu dem, was Samuelsons mathematisches Paradigma seinerzeit bei den Fachzeitschriften ausgelöst hat.[161] Es handelt sich hierbei um nichts weniger als eine wirksame Methode zur Ausschaltung unliebsamer wissenschaftlicher Konkurrenz. Sofern Heckman und Moktan mit ihrem schwerwiegenden Vorwurf rechthaben, so ist das besonders entlarvend für eine Wissenschaft, die den Wettbewerb als zentrale Institution einer wohlständigen und freiheitlichen Gesellschaft proklamiert.

Ein weiterer Faktor für die Entwicklungsträgheit der akademischen Wirtschaftslehre ist gewiss auch die allgemein veränderungsaverse menschliche Natur, die Wandlungs- und Anpassungsprozesse in Organisationen und Gesellschaften stets belastet. Doch im Berufsbild der Manager erschwert zusätzlich eine spezielle inhärente Blockade den Einstieg in ein fortschrittlicheres Paradigma. Es besteht ein schwerwiegender anthropologischer Dissens zwischen dem herrschenden Selbstverständnis von Managern und dem Managerbild, das sich im neuen Paradigma abzeichnet. So ist das traditionelle Selbstverständnis – besonders bei Männern – von der Vorstellung einer hohen Steuerungsmacht geprägt, während der moderne

---

[161] Siehe Abschnitt „Der verhängnisvolle Siegeszug der Neoklassik".

Ansatz sich dadurch auszeichnet, Mitarbeiterinnen mehr Verantwortung, Spielräume und Entscheidungskompetenzen zu überlassen. Hinzu kommt die Forderung nach Abflachung von Hierarchien und damit zwangsläufig auch die Einführung von Strukturen, die sich stärker an dem Wert menschlicher Egalität sowie argumentativer Stärke orientieren und weniger auf statusorientierte Machtausübung. So besteht bei vielen Managerinnen leicht der Eindruck, dass der Verzicht auf vermeintlich funktionierende Feinsteuerungsinstrumente und einen hierarchischen Nimbus einem persönlichen Macht- und Karriereverlust gleichkommt. Objektiv gesehen eine Fehleinschätzung, wie ich meine – zumindest herrscht hier kein zwangsläufiger Zusammenhang. Allerdings bietet die formale Vorgesetztenposition in einer ausgeprägten Hierarchie einen Schutz, der gerade für weniger talentierte Führungspersönlichkeiten existentiell sein kann.

Sollte also im Einzelfall ein Machtverlust eintreten, so möglicherweise deshalb, weil die Machtposition des Managers zuvor teileweise missbraucht wurde, um persönliche Ziele zu verfolgen, beziehungsweise eigene Inkompetenzen zu verdecken. Wie verbreitet diese Variante von Machtmissbrauch ist, muss der Leser selbst beurteilen – hierzu gibt es, soweit mir bekannt ist, keine aussagekräftigen Studien. Offensichtlich ist jedoch, dass es zahlreiche Machtmissbräuche gibt, und ich gewiss weder der erste noch der einzige bin, der diese im persönlichen Umfeld schon häufiger zu Gesicht bekam. Einer größeren Öffentlichkeit offenbaren sich solche Fälle naturgemäß eher selten. Eine der Ausnahmen eines solchen Fehlverhaltens stellt beispielsweise das zahlreicher Investmentbanker dar, die 2008 eine schwerwiegende Finanzkrise verursachten. Doch diejenigen Manager, die sich von dem Verdacht, ihre Machtposition missbraucht zu haben, weitestgehend freisprechen können, werden unter dem neuen Paradigma mehr im Sinne des Unternehmens- oder Organisationszweck sowie für ihre Kunden und der gesamten Gesellschaft bewegen können als unter den Zwängen des alten. Und sie werden auch persönlich davon profitieren, wobei ich hier nicht unbedingt von Geld spreche.

Eine letzte Blockade, die auf allzu menschlichen Eigenschaften basiert, kommt noch hinzu. Managerinnen, die innerhalb des bestehenden Systems groß geworden sind und dort Karriere gemacht haben, gehören häufig zu jenen Persönlichkeiten, die sich in hohem Maße von extrinsischen finanziellen Anreizen haben leiten lassen. Dahinter verbirgt sich eine Grundhaltung, die durchaus nachvollziehbar ist. Sie lautet: Nutze die Möglichkeiten, die das System bietet, in das du hineingeworfen wurdest, zu deinen Gunsten anstatt das ganze System nach den eigenen Vorstellungen zu ändern. Folgt man diesem Grundsatz und ist man damit erfolgreich, wird es sehr unwahrscheinlich, dass man sich anschließend dagegen wendet. Man liefe Gefahr, die eigene Leistung nachträglich zu entwerten. Logischerweise sind es aber gerade die Erfolgreichen, die in Positionen sitzen, in denen man wirklich etwas verändern könnte. Doch genauso wenig, wie beispielsweise Politiker überflüssige Privilegien aus eigenem Anreiz und ohne äußeren Druck durch parlamentarischen Beschluss abschaffen, tun dies auch erfolgreiche Managerinnen normalerweise nicht. Hierarchiestufen und Gehaltsdifferenzen zu reduzieren, bedeutet aus dieser Perspektive, sich selbst zu beschränken. Dazu sind meist nur sehr wenige bereit. Und dies gilt in besonders hohem Maß für einen Berufsstand, der die Welt durch die Brille eines egoistischen, nutzenmaximierenden Homo oeconomicus zu interpretieren gelernt hat, dessen Handlungen in einem System vermeintlich immer automatisch so kanalisiert werden, dass das Beste für alle dabei herauskommt.

Trotz aller hier aufgeführten Schwierigkeiten bleibt die Hoffnung, durch Aufklärung und Überzeugung ein neues Bewusstsein zu begründen, das unser wirtschaftliches und gesellschaftliches Leben nachhaltig verbessert und individuelle mit kollektiven Interessen stärker in Einklang bringt. Wenn sich etwas hin zum Positiven ändern soll, so ist ein neues ökonomisches Paradigma, eine neue Denkweise, unumgänglich, denn:

„Probleme kann man niemals mit derselben Denkweise lösen, durch die sie entstanden sind."

Albert Einstein

144

Literaturverzeichnis

Ann-Kristin Achleitner: Eine Generation wurde verformt, in: Handelsblatt vom Mittwoch, 12. Oktober 2011, Nr. 197.

Albert, Hans: Modelplatonismus. Der neoklassische Stil des ökonomischen Denkens in kritischer Beleuchtung, in: ders. (Hrsg), Sozialwissenschaft und Gesellschaftsgestaltung. Festschrift für Gerhard Weisser, Berlin 1963.

Albert, Hans: Marktsoziologie und Entscheidungslogik, 1967.

Albert, Hans: Zur Kritik der reinen Ökonomie. Die Neoklassik und die Methodenkontroverse; in: Beiträge zur Diskussion und Kritik der neoklassischen Ökonomie; Festschrift für Kurt W. Rothschild und Josef Steindl, hrsg. v. Laski, Matzner und Nowotny, 1979.

Albert, Hans: Zur Kritik der reinen Ökonomie. Die Neoklassik und die Methodenkontroverse; in: Beiträge zur Diskussion und Kritik der neoklassischen Ökonomie; Festschrift für Kurt W. Rothschild und Josef Steindl, hrsg. v. Laski, Matzner und Nowotny, 1979.

Atkinson, John W.: An Introduction to Motivation, New York 1964.

Beckers, Gary: Eine ökonomische Erklärung menschlichen Verhaltens, 1976.

Bergmann, Jens: Business Bullshit. Managementdeutsch in 100 Phrasen und Blasen, Berlin 2021.

Blaug, Marc: Ugly Currents in Modern Economics, in: Options Politique, Vol. 18, No. 17, September, S. 3. Zitiert in: Tony Lawson: Reorienting Economics, London, New York, 2003.

Blinder, Alan S.: Economics becomes a science – or does it?, Princeton University, CEPS Working Paper Series Nr. 57, Juni 1999 (veröffentlicht in: Useful Knowledge, APS Memoirs, Bd. 234, 1999).

Bourdieu, Pierre: „Ökonomisches Kapital, kulturelles Kapital, soziales Kapital", in: Reinhard Kreckel: Soziale Ungleichheiten, Göttingen 1983.

Brodbeck, Karl-Heinz: Die fragwürdigen Grundlagen der Ökonomie. Eine philosophische Kritik der modernen Wirtschaftswissenschaften, 6.

Auflage, 2013.

Cassidy, John: The Decline of Economics, in: The New Yorker, 2. Dezember 1996, S. 50 – 60.

Coase, Ronald: The Nature of the Firm, 1937.

Coase, Ronald: Interview with Ronald Coase, in: Newsletter of the International Society for New Institutional Economics, Vol. 2, No. 1, spring, 1999.

Dörner, Dietrich: Die Logik des Misslingens. Strategisches Denken in komplexen Situationen, 2003.

Drucker, Peter: Was ist Management. Das Beste aus 50 Jahren, 2002.

Dunbar, Robin: Klatsch und Tratsch. Wie der Mensch zur Sprache fand. 1998.

Eilenberger, Wolfram: Interview mit Thomas Zurbuchen: Sternstunde der Philosophie – NASA-Forschungsdirektor über den Menschen im Kosmos, SWF-Kultur.

https://www.youtube.com/watch?v=2sZf4Z6uRLE&t=1s&ab_channel=SRFKulturSternstunden

Eucken, Walter: Grundlagen der Nationalökonomie, 1939.

Eucken, Walter: Grundsätze der Wirtschaftspolitik, 1952.

Frank, Robert: Die Strategie der Emotionen, 1992. Erste Originalausgabe: Passions within reason, 1988.

Frey, Bruno S.: Grenzen der Messmanie, in: DIE ZEIT Nr. 40/2017, 28. September 2017.

Fukuyama, Francis: The end of history?, in: The National Interest, 1989.

Fukuyama, Francis: Das Ende der Geschichte, München 1992.

Gigerenzer, Gerd: Das Einmaleins der Skepsis. Über den richtigen Umgang mit Zahlten und Risiken, 10. Auflage (2013), 2002.

Gigerenzer, Gerd und Kober, Hainer: Bauchentscheidungen: Die Intelligenz des Unbewussten und die Macht der Intuition, 2008.

Göpel, Maja: The great mindshift. How a New Economic Paradigm and

Sustainability Transformations go Hand in Hand, 2016.

Goodhart, David: The Road to Somewhere: Wie wir Arbeit, Familie und Gesellschaft neu denken müssen, 20. April 2020.

Guldner, Jan: „Dann haben wir ihren Charakter verdorben", Interview mit Dodo zu Knyphausen-Aufseß, in WirtschaftsWoche v. 8.2.2022.

Harari, Yuval Noah: Eine kurze Geschichte der Menschheit, 37. Aufl., 2013.

Hayek, Friedrich A. von: The Theory of Complex Phenomena; in: M. Bunge (Hrsg.), The Critical Approach. Essays in Honor of Karl Popper, New York 1963.

Hayek, Friedrich A. von: Studies in Philosophy, Politics and Economics; London and Henley 1967.

Hayek, Friedrich A. von: Die Verfassung der Freiheit, Tübingen 1971.

Hayek, Friedrich A. von: Die Anmaßung von Wissen, in: Ordo, Band 26, 1973.

Hayek, Friedrich A. von: Die drei Quellen menschlicher Werte, Tübingen 1979.

Heckman, James und Moktan, Sidharth: Publishing and Promotion in: Economics. The Tyranny of the Top Five. NBER Working Paper, September 2018.

Händeler, Erik: Kondratieffs Gedankenwelt; Die Chancen im Wandel zur Wissensgesellschaft, 2011.

Hofert, Svenja: Die dunkle Triade der Macht. Persönlichkeitsstörungen im Top-Management erkennen und einschätzen, 11. Oktober 2015 https://karriereblog.svenja-hofert.de/psychologie/die-dunkle-triade-der-macht-persoenlichkeitsstoerungen-im-top-management-erkennen-und-einschaetzen/ Download vom 1.10.2021.

Kaffenberger, Bijan: Was machen Politiker eigentlich beruflich?, 2019.

Kaletsch, Stefan: Menschenbild, Moral und wirtschaftliche Entwicklung, Münster, 1998.

Kaletsch, Stefan: Sinn und der Unsinn des Homo oeconomicus, auf:

https://www.strategie-kommunikation.de/2015/01/30/sinn-und-der-un-sinn-des-homo-oeconomicus/, veröffentlich am 30.01.2015.

Keynes, John Maynard: A Tract on Monetary Reform (1923), Collected Writings Vol. IV.

Keynes, John Maynard: The General Theory of Employment, Interest and Money, Collected Writings Vol. VII.

Keynes, John Maynard: The General Theory and After, Part II, Collected Writings Vol. XIV.

Kieser, Alfred: Managementmoden auf dem Laufsteg: Des Managers neue Kleider. In: Beschaffung aktuell, 1996, Heft 1, S. 14–17.

Knight, Frank H.: Risk, Uncertainty and Profit, (1921) 2014.

Kondratieff, Nikolai D.: Die langen Wellen der Konjunktur. In: Archiv für Sozialwissenschaft und Sozialpolitik. Band 56, 1926.

Kuhn, Thomas: The Structure of Sientific Revolutions, 1962.

Laloux, Frederic: Reinventing Organisations. Ein illustrierter Leitfaden sinnstiftender Formen der Zusammenarbeit, 2017.

Lawson, Tony: Reorienting Economics, London, New York, 2003.

Niklas Luhmann: Soziale Systeme, 1984.

Marshall, Alfred: Principles of Economics, 1920.

Marx, Karl: Das Elend der Philosophie. Ersterscheinung: Misère de la philosophie. Réponse a la philosophie de la misère de M. Proudhon, C.G. Vogler, Brüssel / A. Frank, Paris 1847.

Maturana, Humberto R. / Varela, Francisco J.: Der Baum der Erkenntnis, Bern München, 1984.

Mazzuccato, Mariana: Das Kapital des Staates. Eine andere Geschichte von Innovation und Wachstum, (2013) 2014.

McCraw, Thomas K.: Joseph A. Schumpeter. Eine Biographie, 2008.

Meyer, Wilhelm: Die Idee der Wissenschaft, in: Grundbegriffe zur Ordnungstheorie und Politischen Ökonomie, hrsg. v. Alfred Schüller und Hans-Günter Krüsselberg, Marburg 1992.

Mill, John Steward: Essays on some unsettled Questions of Political Economy, 1844.

Morus, Thomas: Utopia, (1516) 1992.

Olson, Mancur: Aufstieg und Niedergang von Nationen, 2. Durchgesehene Auflage, Tübingen 1991.

Orrell, David: Economyths: Ten Ways Economics Gets it Wrong", 2010.

Michael A. Osborne und Carl Benedikt Frey „The Future of Employment: How susceptible are jobs to computerisation?", 2013.

Osborne, Michael A. und Frey, Carl Benedikt: The Future of Employment: How susceptible are jobs to computerisation?, 2013..

Pickartz, Elke: Paul Samuelson. Der Bestseller der Volkswirtschaft, in: Wirtschaftswoche vom 11. Dezember 2011.

Piketty, Thomas: Das Kapital im 21. Jahrhundert, München 2014.

Plickert, Philip: Gefangen in der Formelwelt, in: Frankfurter Allgemeine, FAZ.NET, aktualisiert am 20.01.2009-14:30.

Popper, Karl: Das Elend des Historizismus, 6. durchges. Aufl., Tübingen 1987. Ersterscheinung: The Poverty of Historicism, London 1957.

Popper, Karl: „Duldsamkeit und intellektuelle Verantwortlichkeit", Dankesrede zur Verleihung des Dr.-Leopold-Lucas-Preises 1981.

Precht, Richard David: Freiheit für alle. Das Ende der Arbeit, wie wir sie kannten, 1. Aufl., 2022.

Proudhon, Pierre-Joseph: Philosophie des Elends. Ersterscheinung: Système des contradictions économiques ou Philosophie de la misère, 1846.

Ricardo, David: On the Principles of Political Economy and Taxation, 1817.

Ridley, Matt: What Charles Darwin owes Adam Smith; auf: www.learnliberty.org.

Rizzolatti, Giacomo und Sinigaglia, Corrado: Empathie und Spiegelneurone: Die biologische Basis des Mitgefühls, 2006.

Röpke, Jochen: Die Strategie Innovation; Eine systemtheoretische Untersuchung der Interaktion von Individuum, Organisation und Markt im Neuerungsprozeß, Tübingen 1977.

Roth, Gerhard: Über den Menschen, 2021.

Scherer, Klaus R.: Theorie der Emotionen, Göttingen-Toronto-Zürich, 1990.

Schumpeter, Joseph: Die Theorie wirtschaftlicher Entwicklung, (1911) 1987, 7. Aufl., unveränderter Nachdruck der 1934 erschienenen 4. Aufl.

Schumpeter, Joseph: Theorie der wirtschaftlichen Entwicklung; Nachdruck der 1. Auflage von 1912, herausgegeben und ergänzt um eine Einführung von Jochen Röpke und Olaf Stiller, Berlin 2006.

Schumpeter, Joseph: Konjunkturzyklen. Eine theoretische, historische und statistische Analyse des kapitalistischen Prozesses. Vandenhoeck & Ruprecht, Göttingen 1961.

Schumpeter, Joseph: Kapitalismus, Sozialismus und Demokratie (1942), Tübingen 1987.

Schumpeter, Joseph: Geschichte der ökonomischen Analyse, 1964.

Sen, Amartya: Adam Smith wäre schockiert, in: Financial Times vom 21.03.2009.

Sen, Amartya: Rationale Dummköpfe. Eine Kritik der Verhaltensgrundlage der Ökonomischen Theorie, 2020. Erstmalige Veröffentlichung in englischer Sprache 1977.

Senge, Peter M.: Die fünfte Disziplin; 2011.

Sinn, Hans-Werner: Der große Irrtum, in: Süddeutsche Zeitung vom 31.10.2014.

Smith, Adam: Theorie der ethischen Gefühle (1759), Hamburg 1994.

Smith, Adam: Der Wohlstand der Nationen. Eine Untersuchung seiner Natur und seiner Ursachen; (1776) Aus dem Englischen übertragen und mit einer umfassenden Würdigung des Gesamtwerkes herausgegeben von Horst Claus Recktenwald, 5. Aufl., München 1990.

Souleidis, Georgios und Korte, Martin interviewt von Tobias Hürter und Thomas Vasek: Erwartungen sind wichtiger als Belohnungen, in: Hohe

Luft – Philosophie-Zeitschrift, Ausgabe 5/2021.

Sprenger, Reinhard K.: Mythos Motivation; Frankfurt 1991.

Sprenger, Reinhard K.: 30 Minuten Motivation; Offenbach 18. Auflage 2015.

Vanberg, Viktor: Mathematikmanie und die Krise der Ökonomik, in: Schweizer Monatshefte, 84. Jahr. Heft 9/10, September/Oktober 2004.

Veblen, Thorstein: Why is Economics not an Evolutionary Science?, in: The Quarterly Journal of Economics, Volume 12, Issue 4, July 1898.

Voltaire: Philosophisches Wörterbuch (Dictionnaire philosophique portatif), Genf u. London 1764, übers. von A. Ellissen 1844.

Weber, Max: Die protestantische Ethik und der Geist des Kapitalismus; Archiv für Sozialwissenschaft und Sozialpolitik, Bd. 20/21 Tübingen, 1905.

Weiner, Bernhard: Motivationspsychologie, Weinheim 1994.

Wilson, Edward O.: Sociobiology – The New Synthesis,1975.

Wilson, Edward O.: Die soziale Eroberung der Erde, München 2013.